Dahinschwindende Tradition

Björn Röhrer-Ertl

Dahinschwindende Tradition

Die Entwicklung des Theologischen Programms
evangelischer Pfarrkirchen des Historismus in
Bayern. Zwei Fallbeispiele

Bibliografische Information der Deutschen Nationalbibliothek
Die Deutsche Nationalbibliothek verzeichnet diese Publikation in
der Deutschen Nationalbibliografie; detaillierte bibliografische
Daten sind im Internet über http://dnb.d-nb.de abrufbar.

ISBN 978-3-631-77870-8 (Print)
E-ISBN 978-3-631-78187-6 (E-PDF)
E-ISBN 978-3-631-78188-3 (EPUB)
E-ISBN 978-3-631-78189-0 (MOBI)
DOI 10.3726/b15286

© Peter Lang GmbH
Internationaler Verlag der Wissenschaften
Berlin 2018
Alle Rechte vorbehalten.

Peter Lang – Berlin · Bern · Bruxelles ·
New York · Oxford · Warszawa · Wien

Das Werk einschließlich aller seiner Teile ist urheberrechtlich
geschützt. Jede Verwertung außerhalb der engen Grenzen des
Urheberrechtsgesetzes ist ohne Zustimmung des Verlages
unzulässig und strafbar. Das gilt insbesondere für
Vervielfältigungen, Übersetzungen, Mikroverfilmungen und die
Einspeicherung und Verarbeitung in elektronischen Systemen.

Diese Publikation wurde begutachtet.

www.peterlang.com

Meinen Eltern

DDr. Olav Röhrer-Ertl
– dem Forscher, meinem Welterklärer, Weltenöffner, meinem
Kindheitsverteidiger, Stütze und Halt, Lebenslehrer, Mentor
für Himmel und Erde –

und María de la Concepción, geborene Gil-García Prieto
– deren Mutterliebe alles und jeden überwand –
in Dankbarkeit und Demut gewidmet.

Zusammenfassung

Anhand zweier Fallstudien untersucht Björn Röhrer-Ertl die Entwicklung des Theologischen Programmes zweier evangelischer Pfarrkirchen des Historismus in Bayern. Konsequent wendet er eine weltliche Methodik außerhalb des theologischen Methodenkanons an. Sein Ergebnis: Tradition schwindet dahin, so wie ein Luftballon zuerst unmerklich seine Luft verliert. Bereits zur Erbauungszeit beider Pfarrkirchen nach 1880 sollte die Dogmatische Neugotik vor allem ein Spross sein, aus dem ein genuin evangelischer Baustil entwickelt werden sollte. Dabei scheint die Sehnsucht nach Einordnung in eine theologisch purifizierte Traditionslinie, die bis in die vorreformatorische Zeit reicht, eine wesentliche Motivation zu sein. Doch bereits damals scheint Tradition mit ihrem Interpretationsschlüssel nicht vollständig bekannt, nach 1960 scheinen sie bei den handelnden Personen sogar unbekannt zu sein. Dieser Prozess war bereits zur Erbauungszeit um 1880 bis 1905 erkennbar. Der Verfasser stellt in seiner Analyse der weiteren Veränderungen im Raumprogramm deutliche Verschiebungen in der theologischen Aussage fest. In der religionssoziologischen Einordnung wird ein Perspektivenwechsel erkennbar: weg von der generationenübergreifenden Einordnung in eine Tradition hin zu einem Primat der Autonomie des Individuums. Für den Autor steht es fest: Tradition ist kaum mehr vorhanden, wird kaum mehr verstanden. Gleichzeitig erkennt der Autor im Ergebnis eine Neuausrichtung staatlichen Handelns, insbesondere eine wesentlichere Rolle der Denkmalpflege und Kunstgeschichte. Dieser Wertewandel beinhaltet auch Chancen, denn er fokussiert sich auf das konstitutive Element. Der Autor fordert dazu auf, diesen gesellschaftlichen Wandel nüchtern zu erkennen, anzunehmen und zu gestalten.

Abstract

The "Evanescence of Tradition" based on two case studies. Bjoern Roehrer-Ertl studied the development of the theological program of two Protestant parish churches of historicism in Bavaria. He consistently applies a secular methodology outside the theological method canon. His result: Tradition evaporates, just like a balloon first imperceptibly loses air. During the construction period of both parish churches, the Dogmatic Neo-Gothic was above all a shoot, from which a genuinely evangelical style should be developed. The longing for inclusion in a theologically purified lineage that reaches into the pre-Reformation period seems to be an essential motivation. But even then, tradition with its interpretation key seems not known completely, after 1960 they seem to be unknown even to the actors. This process was already evident in the period of 1880–1905. In his analysis of further development of the space allocation plan, the author notes significant shifts in the theological statement. Applying the religio-sociological classification, a change of perspective is recognizable: away from the intergenerational integration in a tradition towards a primacy of the individual's autonomy. For the author, it is clear: Tradition is barely existent and barely understood. At the same time the author recognizes that the result is a realignment of government action, especially a larger role of the cultural heritage management and art history. This change of values also includes opportunities, because it focuses on the constitutive element. The author appeals to soberly recognize, accept and shape this social change.

Inhaltsverzeichnis

Vorwort 9
1. Einführung 11
   1.1. Begriffsklärung „Theologisches Programm" 11
   1.2. Kunst- und zeitgeschichtliche Voraussetzungen 11
   1.3. Theologisch-hermeneutische Voraussetzungen 22
2. Fallstudie Evangelisch-Lutherische
Peter-und-Paul-Kirche Höchstädt i. Fichtelgebirge 27
   2.1. Zeitgeschichtliche Voraussetzungen für
den Neubau 1887 27
   2.2. Das Theologische Programm zum Zeitpunkt
der Einweihung 1887 31
      2.2.2. Diskussion über mögliche
Interpretationen 43
         2.2.2.1. Bodengestaltung 43
         2.2.2.2. Anmerkungen zum Standort
der Gefallenentafel 45
         2.2.2.3. Eine Höchstädter
Besonderheit: der Fünfpass 47
         2.2.2.4. Traditionsabbruch 51
      2.2.3. Zusammenfassung des Theologischen
Programmes zum Zeitpunkt der
Einweihung 56
   2.3. „Purifizierung": die Grundsanierung 1966 56
      2.3.1. Veränderungen und Maßnahmen 56
      2.3.2. Diskussion 59
   2.4. Entwicklungen bis zur Jahrtausendwende 60
      2.4.1. Veränderungen und Maßnahmen 60

    2.4.2. Diskussion 63

  2.5. Entwicklungen seit der Jahrtausendwende 67

    2.5.1. Veränderungen und Maßnahmen 67

    2.5.2. Diskussion 69

3. Fallstudie: Evangelisch-Lutherische
St.-Johannis-Kirche Wirbenz 71

  3.1. Zeitgeschichtliche Voraussetzungen für
den Neubau 1905 71

  3.2. Das Theologische Programm zum Zeitpunkt
der Einweihung 1905 72

    3.2.2. Die Sakristei – nur ein Nebenraum? 89

      3.2.2.1. Einführendes für Spurensuche
und Entdeckungen 89

      3.2.2.2. Bauaufnahme: Was noch
zu finden ist 91

      3.2.2.3 Nach der Bauaufnahme:
Welche Funktion haben
die Raumteile? 94

  3.3. Diskussion über mögliche Interpretationen. 95

    3.3.1. Das Treppenhaus hinter der Hauptpforte ... 95

    3.3.2. Das Katchumenenportal 97

    3.3.3 Zusammenfassung des Theologischen
Programmes zum Zeitpunkt
der Einweihung 98

  3.4. Veränderungen zwischen den Weltkriegen 99

    3.4.1. Veränderungen und Maßnahmen 99

    3.4.2. Diskussion 99

  3.5. Gebremste „Purifizierung":
die Grundsanierung 1965–1967 101

    3.5.1. Veränderungen und Maßnahmen 101

  3.5.2. Diskussion 102
 3.6. Entwicklungen bis zur Jahrtausendwende 105
  3.6.1. Veränderungen und Maßnahmen 105
  3.6.2. Diskussion 105

4. Zusammenschau mit Diskussion der Fallbeispiele 107
 4.1. Wiederherstellung der Tradition 107
 4.2. Perspektivenwechsel 112
 4.3. Entwichene Tradition bleibt verloren 119
 4.4. Kunstgeschichte und Denkmalpflege
   als Bewahrerinnen und Hüterinnen
   des historistischen Erbes 120
 4.5. Dahinschwinde Tradition fokussiert auf
   das konstitutive Element 123

5. Zusammenfassung mit Ausblick 127

Literatur- und Quellenverzeichnisse 131
 Quellen 131
  Archiv Bayerisches Landesamt für Denkmalpflege
  (BLfD), Außenstelle Oberfranken; Ortsakte
  Höchstädt i. Fichtelgebirge,
  Von-Waldenfels-Platz 1 131
  Bayerisches Hauptstaatsarchiv (BayHStA) 132
  Pfarrarchive (PfA). Sofern nichts anderes
  angegeben befinden sich die Archivalien in
  der Obhut des Landeskirchlichen Archivs
  der Evangelisch-Lutherischen Kirche in Bayern,
  Nürnberg (LAELKB) 132
 Literatur 132
 Elektronische Ressourcen 142
 Abbildungsverzeichnis mit Bildnachweisen 143

Vorwort

„Tradition" und „Heimat" – diese Begriffe scheinen in der gesellschaftlichen, politischen und wissenschaftlichen Diskussion gerade in diesen Tagen eine besondere Ambivalenz zu besitzen, da sie die Menschen emotional berühren, ja zum Teil polarisieren. Dabei scheint es offensichtlich, dass ein gemeinsames gesellschaftliches Verständnis dieser Begriffe kaum erkennbar ist. In einen religiösen, theologischen Kontext gestellt, erscheinen beide Begriffe noch weniger fassbar zu sein.

Einen neuen Ansatz für ein gemeinsames Diskussionsverständnis könnte die deduktive Methode der Fallstudien bieten. Bewusst bedient sich der Verfasser hierbei dieser Methodik, die außerhalb des theologischen Kontextes anerkannt und angewendet wird.

Die Fallstudien, die hier vorgestellt und in einem gemeinsamen Zusammenhang diskutiert werden, stammen aus Aufnahmen und Untersuchungen, die in den Jahren 2001 bis 2006 vorgenommen wurden. Der aktuelle Forschungsstand zum Zeitpunkt der Drucklegung hierzu wurde ebenso berücksichtigt wie auch weitere Entwicklungen an den Bauwerken, soweit bekannt. Bei der Literaturauswahl achtete der Verfasser, sofern aus methodischen Erwägungen heraus möglich, auf Werke, die auch für den interessierten Fachkundigen ohne universitäre Fachausbildung gut erschließbar sind.

Der Verfasser ist vielen Menschen und Institutionen dankbar, die ihn bei der Forschung für diese Arbeit unterstützt haben: So gehört sein Dank dem Landeskirchlichen Archiv der Evangelisch-Lutherischen Kirche in Bayern (Nürnberg); dem Bayerischen Landesamt für Denkmalpflege, Dienststelle Bamberg (Memmelsdorf) – insbesondere Matthias Reißenweber (Bamberg); Pfarrer Dirk Grafe (Wirbenz) für seine Unterstützung; PD Dr. Christian Lange (Bamberg) für seine offenen und dennoch ermutigenden Worte. Mit Verständnis und hilfreicher Unterstützung begleitete Dr. Hermann Ühlein, Peter Lang, Verlag der Wissenschaften, Berlin, dieses Projekt. Dafür gebührt ihm der Dank des Verfassers.

Dass dieses Buch einen Beitrag zum gegenseitigen, erweiterten Verständnis leisten und den Blick für Entwicklungsmöglichkeiten öffnen möge, die eine Einordnung unserer Vergangenheit ohne Groll zulässt, ist der tiefe Wunsch des Verfassers.

Kirchweyhe, Gründonnerstag 2018   Björn Röhrer-Ertl

1. Einführung

1.1. Begriffsklärung „Theologisches Programm"

Sakrale Bauten sind für die Theologie und die heilige Kirche als Auftraggeberin nicht allein irgendwelche Zweckbauten: Sie spiegeln Auffassungen und Vorstellungen ihrer Erbauungszeit wieder. Denn für weite Teile der Theologie ist Kunst nichts anderes als *„die sinnvolle Verwirklichung menschlichen Tuns"*, sie ist *„die sich vollendende Wahrnehmung"*[1].

Ein Beitrag der Theologie zur Kunstgeschichte wie auch zur Historie des 19. Jahrhunderts könnte die Entschlüsselung des Gesellschaftsbildes und der theologischen Hauptaussagen sein, welche Gestaltung und Wesen der Sakralbauten und ihrer Einrichtung erst möglich machten. Diese Kunst gewordene und konzeptionelle Transformierung des Gegebenen und Wagnis des Möglichen[2], sowohl im theologischen Sinne wie im Politischen, möchte der Verfasser „Theologisches Programm" nennen.

1.2. Kunst- und zeitgeschichtliche Voraussetzungen

Beide Evangelisch-Lutherische Pfarrkirchen, die hier vorgestellt werden, stehen am Ende eines deutschen Sonderweges in der Neugotik des 19. Jahrhunderts. Wie so viele deutsche Sonderwege beginnt auch dieser bei Johann Wolfgang von Goethe. Als er 1773 das Straßburger Münster in einem Loblied besingt, stellt er eifernd fest: *„Da er Gott danken soll-*

---

1 Volp, Rainer: Liturgik. Die Kunst, Gott zu feiern. Band 1: Einführung und Geschichte. Gütersloh: Gütersloher Verlagshaus Gerd Mohn: Gütersloh 1992, S. 89.
2 Vgl. Volp, S. 89.

*te, laut verkündigen zu können, das ist deutsche Baukunst, unsere Baukunst, da der Italiäner sich keiner eigenen rühmen darf, viel weniger der Franzos"*³. Das Auffallende an diesem Loblied ist die Behauptung, Italiener und Franzosen besäßen keine eigene Baukunst. Das war und bleibt eine unhaltbare, durch nichts zu belegende Aussage, und gerade von Johann Wolfgang von Goethe, der etwa zehn Jahre später seine „Italienische Reise" wagte, erwarten wir andere Aussagen. Ebenso ist die Inanspruchnahme der Gotik als eine deutsche Baukunst ungerechtfertigt. Dennoch wurde Goethes Behauptung fast ein halbes Jahrhundert ernst genommen und mit vielen Kunstgriffen gestützt⁴ – ein wichtiger Hinweis darauf, dass Goethes nationale Interpretation zeitgemäß war. Denn was machte Goethe? Er sah im Straßburger Münster einen Genius und dehnte somit als Erster den Genius-Kult auf ein Bauwerk aus⁵. Damit schlug Goethe eine Brücke zwischen der (angeblich) gotischen Dürerkunst und dem Sturm und Drang, der Literaturepoche, welcher die bürgerlich-demokratische nationale Strömung Ende des 18. Jahrhunderts war. *„Goethe wandte sich damit offenbar gegen die damals*

---

3 Goethe, Johann Wolfgang von: Von deutscher Baukunst. In: Herder, Johann Gottfried von (Hrsg.): Von deutscher Art und Kunst [1773]. Einige fliegende Blätter. Unter Mitarbeit von Hans Dietrich Irmscher. Bibliogr. erg. Ausg. Reclam: Stuttgart 1988 (Reclams Universal-Bibliothek, 7497), S. 95–104, S. 101.
4 Vgl. Milde, Kurt: Neorenaissance in der deutschen Architektur des 19. Jahrhunderts. Grundlagen, Wesen und Gültigkeit. VEB Verlag Kunst: Dresden 1981, S. 104.
5 Vgl. Keller, Harald: Goethes Hymnus auf das Straßburger Münster und die Wiederentdeckung der Gotik im 18. Jahrhundert. 1872/1972. Vorgetragen am 5. November 1973. In: Bayerische Akademie der Wissenschaften, Philosophisch-Historische Klasse, Sitzungsberichte (4) 1974, S. 4–81, S. 14.

übliche Orientierung des Adels am höfischen französischen Vorbild bei gleichzeitiger Geringschätzung der Kultur des eigenen Volkes"[6]. Indem *„der Genius den Genius erkannte und ihm zujauchzte"*[7], führte Goethe, der Dichter, das bisher eher unbeteiligte Deutschland[8] in eine neugotische Epoche, der sich andere europäische Kulturnationen längst angenommen hatten, und gab der deutschen Neugotik als Besonderheit eine eigene Aussage jenseits von Geschichte, Mode und Zeitgeschmack.

Die wesentliche Aussage dieser deutschen Neugotik ist: *„Das dem Wesen des deutschen Volkes entsprungene, historisch gewachsene und damit legitime Gesellschaftssystem des Mittelalters, das eben wegen dieser Verwurzelung im Volk diese große Kunst erzeugt hätte, ist die beste Gesellschaft, zu der es nach allen Geschichtsläufen wieder zurückzukehren gälte. Unter seinem Schutz könne das friedliche bürgerliche Leben gedeihen"*[9]. Sie besitzt also zuallererst programmatischen Charakter. Neugotisch zu bauen heißt: einem Gesellschaftsbild nachzuhängen, das im gotischen Hochmittelalter so nie existierte[10] – eine streng feudale Gesellschaft, die ihre eigenen Werte sowie Kultur schätzt und nicht verachtet. Dadurch brachte sie es zur Blüte. Verbunden wird dieses noch mit Fortschrittsglauben und der nationalen Frage nach einer deutschen Einheit sowie einer Brechung der napoleonischen, also französischen Vorherrschaft in Deutschland.

---

6 Milde, S. 104.
7 Keller, S. 81.
8 Herder selbst betrachtet jede Art von Gotik mit tiefer Abneigung, vgl. Keller, S. 80–81.
9 Milde, S. 108.
10 Vgl. Jakobs, Hermann: Kirchenreform und Hochmittelalter. 1046–1215. 4. Aufl. Oldenbourg: München 1999 (Oldenbourg Grundriss der Geschichte, 7), S. 131–145.

Damit entstand nach 1830 ein Baustil, der heute als *„Dogmatische Neugotik"* bezeichnet wird. Damit wurde die Rückkehr zur Gotik gefordert, weg von Baustilen, die sich aus antiken Formen wie Klassizismus oder Rundbogenstil ableiten. Die Rückkehr zur Gotik sah man als Überwindung des Heidentums durch das Christentum und damit als Sieg des *„Banners des Fortschritts"*[11] über reaktionäre Tendenzen hin zu längst überwunden geglaubten Zeiten an. Dieses Gesellschaftsbild enthielt auch eine strikte Kritik am damaligen Kapitalismus: Kurzlebigkeit der Formen und Verbrauch an Menschen entsprachen nicht dem streng hierarchischen Gesellschaftsbild. Dogmatische Neugotik ist also auch Sozialkritik. Der Durchbruch dieses Stils für den evangelischen Kirchenbau erfolgte bei der Grundsteinlegung für die Fertigstellung des Kölner Domes am 4. September 1842 durch König Friedrich Wilhelm IV. von Preußen. Dadurch wurde der Kölner Dom zu einem Nationaldenkmal umgewidmet[12]. Der Kölner Dom wurde somit nicht nur zum Symbol für die deutsche Einheit über alle Stämme und Konfessionen hinweg, dessen Fertigstellung fleißig durch Spenden finanziert wurde – übrigens 1814 von Kronprinz Ludwig von Bayern angeregt[13]. Vielmehr stimmte der calvinistische König einer religiös wie national interpretierten Gotik zu. Denn *„der Torso des zur Zeit der Hochgotik begonnenen und unvollendeten Kölner Doms erschien den Zeitgenossen als Mahnung zur Wiedererrichtung der ruinierten Nation, seine Vollendung*

---

11 Milde, S. 185.
12 Vgl. Heinig, Anne: Die Krise des Historismus in der deutschen Sakraldekoration im späten 19. Jahrhundert. Schnell & Steiner: Regensburg 2004, S. 47.
13 Vgl. Seng, Eva-Maria: Der Evangelische Kirchenbau im 19. Jahrhundert. Die Eisenacher Bewegung und der Architekt Christian Friedrich von Leins. Ernst Wasmuth: Tübingen 1995 (Tübinger Studien zur Archäologie und Kunstgeschichte, 15), S. 125.

als Symbol der Überwindung religiöser und nationaler Entwurzelung"[14]. Damit wurde jedoch die lang diskutierte Frage nach dem richtigen Baustil für evangelische Kirchen noch nicht abschließend beantwortet. Friedrich Wilhelm IV. beabsichtigte eine Reform der evangelischen Kirchen nach dem Vorbild der apostolischen Zeit einzuleiten[15]. Insofern ist der Ansatz des preußischen Königs, den Stil der frühen Christenheit zu fordern und die byzantinische Basilika der frühen Christenheit als ideale Bauform zu werten, folgerichtig[16]. Darin sah Friedrich Wilhelm IV. die Absetzung vom katholischen Mittelalter, das er mit der Gotik verband[17]. Somit bevorzugte der preußische König einen jeweils eigenen Baustil für jede der beiden Konfessionen[18]. Dennoch erreichte Friedrich Wilhelm IV. die Umsetzung dieser architektonischen Vorstellung im Wesentlichen nur in Preußen selbst, vor allem in Potsdam[19]. In Preußen wurde insbesondere in der katholischen Rheinprovinz neugotisch gebaut, da die Neugotik dort *„als ein vorrangig katholischer Stil aufgefasst"*[20] wurde. Letzten Endes konnte er seine Vorstellungen nicht durchsetzen[21].

Bayern entschied sich für einen eigenen Weg. Leo von Klenze legte in seiner *„Anweisung zur Architectur des christlichen Cultus"* (1822) seine eigene Sichtweise dar[22]. Er sah in

---

14 Heinig, S. 18.
15 Vgl. Ellwardt, Kathrin: Evangelischer Kirchenbau in Deutschland. Imhof: Petersberg 2008 (Imhof Kulturgeschichte), S. 134.
16 Vgl. Ellwardt, S. 143.
17 Vgl. Ellwardt, S. 145.
18 Vgl. Ellwardt, S. 143; S. 145.
19 Vgl. Ellwardt, S. 143.
20 Vgl. Ellwardt, S. 149.
21 Vgl. Ellwardt, S. 145.
22 Klenze, Leo von: Anweisung zur Architectur des christlichen Cultus. Selbstverlag: München 1822.

der Basilika der christlichen Antike die optimale Bauform für Kirchen[23]. Denn für den Privatarchitekten König Ludwigs I. bestand der Unterschied zwischen den katholischen, evangelischen und orthodoxen Konfessionsfamilien lediglich in der dekorativen Verschiedenheit[24]. Daher empfahl Klenze einen rechteckigen Saalbau für Dorfkirchen unabhängig von der Konfession. Dieser sollte jedoch einen Turm besitzen. Auch wenn die christliche Antike Türme an Basiliken nicht kannte, hielt Klenze einen Kirchturm für eine notwendige Ergänzung[25]. Mit dem Vorschlag eines gemeinsamen Baustils für alle Konfessionen wählte Bayern einen entgegengesetzten Weg zu Preußen. Dieser *Rundbogenstil* wurde zu einer bayerischen Besonderheit.

Dagegen wuchs Widerstand. Insbesondere das Bürgertum in Bayern stellte sich die Frage, ob es sich in den Vorstellungen des Königshauses wiederfinden könne. Diese Diskussion erwuchs sich ab der Mitte des 19. Jahrhunderts in der Frage des Rathausbaus[26]. Durch die *„stetig anwachsenden Amtsgeschäfte der Stadtgemeinden mehrten sich nicht nur deren Personal, sondern steigerten natürlicherweise auch das Selbstbewusstsein ihrer Führungsorgane"*[27] stellt Brigitte Huber fest. In diesen Überlegungen spielt die Rückkehr zu dem vermeintlichen Goldenen Zeitalter des Bürgertums und damit kommunaler Selbstbehauptung eine zentrale Rolle. Welches Zeitalter das Goldene Zeitalter des Bürgertums gewesen sei, war oft eine Frage der eigenen Sichtweise der

---

23 Vgl. Klenze, S. 20–21.
24 Vgl. Ellwardt, S. 143.
25 Vgl. Klenze, S. 18.
26 Vgl. Huber, Brigitte: Das Neue Rathaus in München. Georg Hauberrisser (1841–1922) und sein Hauptwerk.: Dölling und Galitz: Ebenhausen bei München 2005, S. 20.
27 Huber, S. 20.

Geschichte. So folgte der Münchner Magistrat dem Trend im Reich und präferierte für den notwendigen Neubau der Stadtverwaltung ein Rathaus im Stile der Neorenaissance[28]. Doch die Gotik wurde auch bei den Verantwortlichen der k. Haupt- und Residenzstadt als der eigentliche *„fromme' Baustil des Bürgerstandes"*[29] verstanden. In die Diskussion über den richtigen Stil des neuen Münchener Rathauses, die auch während der Bauzeit nicht verstummte[30], schaltete sich der Historiker und seinerzeit publizistisch sehr in der Öffentlichkeit präsente Johann Nepomuk Sepp ein. In einem Artikel in der *Augsburger Postzeitung* verweist er auf die gotischen Rathäuser in Belgien, die seiner Ansicht nach *„Kraft und Selbständigkeit des Bürgertums"* ihrer Epoche seien[31]. Sepp, der 1848 in die Frankfurter Nationalversammlung gewählt wurde[32], unterstreicht die Eigenständigkeit des bayerischen Bürgertums, indem er fordert: *„Aber man lasse uns unsere Freiheit, ein stattliches Gebäude*[33] *herzustellen, welches zumal einem altdeutschen Patrizierhause und gothischen Rathausturm*[34] *gegenüber auf den ersten Blick als*

---

28 Vgl. Huber, S. 21.
29 Huber, S. 21.
30 Vgl. Huber, S. 47–48.
31 Zitiert nach Huber, S. 48.
32 Vgl. Eintrag „Sepp, Johann Nepomuk" in: Best, Heinrich/Weege, Wilhelm: Biographisches Handbuch der Abgeordneten der Frankfurter Nationalversammlung 1848/49. Droste: Düsseldorf 1996 (Handbücher zur Geschichte des Parlamentarismus und der politischen Parteien, 8), col. 317–318.
33 Gemeint ist das damals in Bau befindliche Neue Rathaus in München.
34 Gemeint ist das Talburgtor, Turm des heutigen Alten Rathauses in München, durch Arnold Zenetti 1861–1864 regotisiert; vgl. Fekete, Julius: Denkmalpflege und Neugotik im 19. Jahrhundert,

etwas Besonderes, dem deutschen Geiste Entsprechendes, Ehrwürdiges und Charakterhaftes kundgibt"[35]. Hierbei sollte nicht vergessen werden, dass in München sich nicht nur der Marienplatz Ende des 19. Jahrhunderts noch in einem spätmittelalterlichen Zustand befand[36], sondern auch Bauten der Renaissance eher im höfischen Bereich Münchens anzutreffen waren bzw. sind[37]. Der württembergisch-österreichische Architekt Friedrich von Schmidt, Lehrer des Architekten des Neuen Rathauses in München Georg von Haubenrisser, vertritt die Überzeugung, dass ein Rathaus *„im Geiste der historischen Entwicklung derartiger Bauten, dem überlieferten Typus jener Epoche entsprechen müssen, welche mit dem Emporblühen des deutschen Bürgertums zusammenfällt"*[38]. In diesem Zusammenhang erscheint es notwendig, sich an die Niederlagen zu erinnern, die das Münchner Bürgertum gerade unter Ludwig I. erleben musste. Stellvertretend sei an Ludwigs Drohung erinnert, neben der Universität auch seine Residenz aus München zu verlegen, wenn der Magistrat trotz planerischen Bedenken und fehlenden finanziellen Mitteln der Projektierung des die – übrigens im Rundbogenstil

---

    dargestellt am Beispiel des Alten Rathauses in München. Kommissionsbuchhandlung R. Wölfle: München 1981 (Miscellanea Bavarica Monacensia; Heft 96 = Neue Schriftenreihe des Stadtarchivs München, Band 117), S. 114–117.

35 Zitiert nach Huber, S. 48.
36 Vgl. Eintrag „Marienplatz" in: Stadtarchiv München (Hrsg.): Häuserbuch der Stadt München. Band I: Graggenauer Viertel. Oldenbourg: München 1958, S. 169–188.
37 Vgl. Huber, S. 88.
38 Zitiert nach Hammerschmidt, Valentin: Anspruch und Ausdruck in der Architektur des späten Historismus in Deutschland (1860–1914). Peter Lang: Frankfurt am Main et al. 1985, S. 365;

erbaute – Ludwigstraße umgebenden Stadtviertels nicht zustimme[39]. Es lässt sich sehr gut erahnen, auf welche Resonanz die Worte Johann Nepomuk Sepps stießen.

Ähnliches ist in den fränkischen Gebieten Bayerns zu vermuten. Neben dem oft zitierten und selten politologisch oder soziologisch gemessenen Gegensatz zwischen Franken und Altbayern kann der Gegensatz zwischen einer Bevölkerung mit überwiegend katholischer und einer mit überwiegend evangelischer Mehrheit eine Rolle bei der Wahl des Baustils spielen. Nach der Abwendung vom liberalen Gedankengut bedauerte König Ludwig I. sehr, nicht mehr Herrscher über ein rein katholisches Bayern zu sein[40]. Verletzt durch die linksliberalen Kräfte während des Landtages 1830/31[41] meinte Ludwig I. *"als ein zweiter Kurfürst Maximilian I., die Interessen des Katholizismus zu wahren"*[42] zu müssen. Die bis 1830 andauernden *"Kampfjahre des bayerischen Protestantismus"*[43] dürften tiefe Spuren und Verletzungen hinterlassen haben. Vor allem die Fragen nach der Mischehe[44] und der konfessionellen Kindererziehung[45] dürfte bei vielen

---

39 Vgl. Hederer, Oswald: Die Ludwigskirche in München. Geschichte und Führung. 2., völlig neubearb. Aufl. Schnell & Steiner: München et al. 1977 (Große Kunstführer, Bd. 9), S. 6.

40 Vgl. Turtur, Ludwig/Bühler, Anna Lore: Geschichte des protestantischen Dekanates und Pfarramtes München 1799–1852. Ein Beitrag zur bayerischen Religionspolitik des 19. Jahrhunderts. Selbstverlag des Vereins für Bayerische Kirchengeschichte: Nürnberg 1969 (Einzelarbeiten aus der Kirchengeschichte Bayerns, 48), S. 215.

41 Vgl. Turtur/Bühler, S. 215.

42 Turtur/Bühler, S. 216.

43 Turtur/Bühler, S. 214.

44 Vgl. Turtur/Bühler, S. 227–235.

45 Vgl. Turtur/Bühler, S. 235–249.

Familien einen nachhaltigen Eindruck hinterlassen haben, der für mehrere Generationen im kollektiven Gedächtnis seinen Platz fand – betreffen diese Maßnahmen das privateste, das ein Mensch im Alltäglichen haben kann: das Zusammenleben in Ehe, Familie und Gemeinschaft. Ähnlich wie im erstarkten Bürgertum kann eine Abgrenzung zu den Symbolen und Entscheidungen der Krone ein nicht zu eliminierendes Motiv sein, einen anderen Baustil zu wählen. Ein Hinweis hierfür scheint die Intervention der königlichen Bauinspektion Kulmbach 1836, mit der ein neugotischer Kirchenbau in Hof verhindert werden sollte[46], zu sein. Durch diesen sowie ähnliche Fälle steht für Marina Sczesny fest: *„Da mehr als zwei Jahrzehnte hindurch alle Bauprojekte – staatliche wie nichtstaatliche – von ihm begutachtet werden mußten, hat* [Leo von Klenze] *einen nicht zu unterschätzenden, direkten oder indirekten Einfluß auf das Bauwesen in Bayern ausgeübt"*[47]. Es ist also die Frage zu stellen, inwieweit in Bayern die Entscheidung für die Neugotik nicht schon eine willkommene Gelegenheit darstellte, sich durch ein eigenständiges evangelisches Profil auch im Baustil vom Königshaus abzusetzen: Ludwig I. bevorzugte schließlich seinen eigens entwickelten Rundbogenstil und war der Neugotik gegenüber weniger aufgeschlossen. Moritz Meurer sieht schon im *„romanischen Stile"* den *„strengen hierarchischen Geist"* des römischen Katholizismus, im *„gothischen Stil"* dagegen den *„freien evangelischen Geist"*[48]; daher liegt aus Sicht des Verfassers die Entscheidung für die Neugotik nahe.

---

46 Vgl. Sczesny, Marina: Leo von Klenzes „Anweisung zur Architectur des christlichen Cultus". München, Univ., Philos. Fak., Diss., 1974. Ludwig-Maximilians-Universität, München, S. 27.
47 Sczesny, S. 27.
48 Meurer, Moritz: Der Kirchenbau vom Standpunkte und nach dem Brauche der lutherischen Kirche. Geistlichen, Kirchen-

Es scheint jedoch in der Rezeption übersehen zu werden, dass eben nicht nur ein Stil – hier die Gotik – kopiert werden sollte. *Es „soll auch nicht irgend eine mittelalterliche Architektur"*, schreibt Richard Bürkner 1899, *„einfach nachgebildet oder gar nachgeahmt werden, die soll vielmehr nur eine Wurzel sein, ‚aus welcher durch neuen schöpferischen Trieb ein neues in sich harmonisches Gewächs hervorkommen soll' – also ein neuer wesentlich protestantischer Kirchenbaustil ist zu erstreben"*[49]. Moritz Meurer schreibt 1877 in seiner für Geistliche und Kirchenvorstände bestimmten Handreichung über den Kirchenbau: *„Man redet zwar wohl auch von einem neuen Stil, der noch erfunden werden soll, und wer von einer Zukunftskirche träumt, warum sollte der nicht auch einen Zukunftsstil hoffen dürfen? Aber bis jetzt läßt ein solcher noch auf sich warten, und wenn er noch kommen sollte, so kann es doch nur ein neuer Schoß aus alter Wurzel sein, denn was keine Vergangenheit hat, hat auch keine Zukunft und schwebt in der Luft"*[50]. So steht für den neulutherischen Pfarrer fest: *„So müssen wir unter allen Umständen die geschichtliche Entwicklung festhalten und ohne zu mißachten, was der menschliche Erfindungsgeist, die Erfahrung von Jahrhunderten und die technischen Mittel der neuen Zeit darbieten, uns an die Vergangenheit als Lehrerin halten"*[51]. Die Gotik soll nur Ausgangspunkt für einen genuin evangelischen Kirchenbaustil sein, der dann Tradition und Moderne zu einem neuen verbindet. Insofern sah sich die Neugotik – wie alle anderen Formen des His-

---

patronen und Kirchenvorständen zur Orientierung dargeboten. Dörffling und Franke: Leipzig 1877, S. 122.
49 Bürkner, Richard: Grundriß des deutsch-evangelischen Kirchenbaues. Vandenhoeck & Ruprecht: Göttingen 1899, S. 104.
50 Meurer, S. 119.
51 Meurer, S. 119.

torismus – *"bewusst an die Variablen wechselnder Bedingungen und Bedürfnissen gebunden"* und vermied *"somit [einen] überzeitlichen Geltungsanspruch"*[52]. Neugotik und übrigens auch der Rundbogenstil *"waren prinzipiell zur Disposition gestellt"*[53]. Schon in diesem Vorhaben scheint mir deutlich ein inhaltlich zu beschreibendes Ziel gegeben zu sein[54].

1.3. Theologisch-hermeneutische Voraussetzungen

Für beide Pfarrkirchen war das sogenannte „Eisenacher Regulativ" aus dem Jahre 1861 prägend, das der Abendmahlstheologie und den Bauempfehlungen Wilhelm Löhes entsprach[55]. Im Punkt 3 des *„Regulativ*[es] *für den evangelischen Kirchenbau"* wird der neugotische Stil vorgeschrieben[56]. Insofern sind beide Kirchenbauten nicht irgendeine Geschmacksfrage. In Wirbenz steht zusätzlich hinter dieser Kirche Gesellschaftsbild und Gesellschaftskritik des Bau-

---

52 Heinig, S. 14.
53 Heinig, S. 14.
54 Ähnlich auch Harold Hammer-Schenk, für den die Aufnahme der Gotik *„auch der Vorstellung von einer vertieften, emotionalisierten Frömmigkeit"* entspringt (Hammer-Schenk, Harold: Art. Kirchenbau, IV. 19. und frühes 20. Jahrhundert. In: Gerhard Müller (Hrsg.): Theologische Realenzyklopädie. Bd. 18., Katechumenat, Katechumenen – Kirchenrecht. Walter de Gruyter: Berlin et al. 1989, S. 498–514, S. 504); gleichzeitig legte *„die patriotisch geprägte Verehrung des deutschen Mittelalters"* vor 1840 die Gotik seiner Meinung nach nahe (Hammer-Schenk, S. 499).
55 Vgl. Heinig, S. 56.
56 Vgl. Langmaack, Gerhard: Evangelischer Kirchenbau im 19. und 20. Jahrhundert. Geschichte – Dokumentation – Synopse. Johannes Stauda: Kassel 1971, S. 272.

herrn, des Königreiches Bayern, dem die Baulast obliegt. Damit war die Evangelisch-Lutherische Kirchengemeinde Wirbenz nur bedingt in der Lage, ihre Vorstellungen einzubringen. Nachdem es in beiden Fällen erklärtes Ziel ist, den Vorgängerbau zuerst großenteils, gegen Ende der Planung sogar vollständig aufzugeben, war eine vollkommene Gestaltungsfreiheit gegeben. Die Krone behielt im Fall Wirbenz zum einen alle Gestaltungsfreiheit und konnte dadurch Vorgaben machen, die sie im Hinblick auf eine erstrebte Rekatholisierung des Gebietes[57] gerne gab, auch wenn sich um 1900 das Verhältnis zwischen den Konfessionen spürbar entspannte. Zum anderen gab es in Bayern keine gesetzliche Bindung an ein Regulativ, auch nicht an das Eisenacher Regulativ, das direkte Gesetzeskraft nur im Herzogtum Braunschweig hatte[58]. Durch die Ablösung der Baulast hatte dagegen die Evangelisch-Lutherische Kirchengemeinde Höchstädt i.F. in der Gestaltung des Neubaus freie Hand.

Hat der Bau auch eine theologische Aussage? Leider schweigen die Pfarrarchivalien über mögliche Gedanken, Motive und Tendenzen. Gab es also keine? Das Fehlen solcher Aussagen bedeutet nicht automatisch das Nichtvorhandensein solcher Gedanken. Und bei einer so gewaltigen und finanzintensiven Aufgabe wurde sehr viel diskutiert, wie die Hinweise und Interpretationsansätze zeigen, die Pfarrer

---

57 Vgl. Tutur/Bühler, S. 216; S. 220.
58 Vgl. Kaiser, Paul: Das sogenannte Eisenacher Regulativ von 1861: ein kirchenrechtliches Phantom. In: Raschzok, Klaus/ Sörries, Reiner (Hrsg.): Geschichte des protestantischen Kirchenbaues. Festschrift für Peter Poscharsky zum 60. Geburtstag. In Auftrag gegeben vom Verein für Christliche Kunst in der Evangelisch-Lutherischen Kirche in Bayern. Junge & Sohn: Erlangen 1994, S. 114–118, S. 117.

Franz Friedrich Wilhelm Gruber in seiner Predigt zur Wirbenzer Kirchenweihe 1905 anbietet[59].

Doch es gibt auch andere Hinweise. Die Neugotik hat ihr Ansehen, das sie fast einhundert Jahre lang genoss, schnell verloren, gerade nach dem Ersten Weltkrieg. Da wird in Aufsätzen über modernen Kirchenbau gewarnt, *„irgendeine Zahlenmystik"* hinein zu zwingen[60], wie es früher wohl üblich war – sonst bräuchte man eine solche Warnung nicht. Oder es wird dem Kirchenbau im 19. Jahrhundert nachgesagt, er hätte die mittelalterlichen Stile tot gebetet. Otto Bartning verurteilte bereits 1919 die *„historisch eklektischen Perioden, die gewisse Formen, gewisse Farben und Symbole (z. B. Spitzbogen, Vierpaß, Violett) einer spezifisch – sakralen Wirkung reservieren möchten, die ganz abgesehen von ihrem ästhetischen Unwert, immer nur pseudo-sakral sein kann"*[61]. Oskar Söhngen wirft mit Otto Bartning in seiner *„Handreichung für Architekten, Pfarrer und Kirchenältesten"*[62] der Neugotik vor, *„das profane Gesicht der Predigthalle hinter*

---

59 Siehe Kapitel 3.2.
60 Wiegering, Kurt: Vom evangelischen Gottesdienstraum. In: Arbeitsausschuß des Evangelischen Kirchbautages (Hrsg.): Evangelische Kirchenbautagung Erfurt 1954. Evangelische Kirchenbautagung Karlsruhe 1956. Siebte und achte Tagung für evangelischen Kirchenbau, Heyer, Walter, Bearb., o. O. o. J. [1956], S. 243–258, S. 252.
61 Bartning, Otto: Das radikale Bauprogramm der protestantischen Kirche. Erschienen 1919. In: Siemon, Alfred (Hrsg.): Bartning, Otto: Vom Raum der Kirche. Aus Schriften und Reden ausgewählt und eingeleitet von Alfred Siemon. FS Otto Bartning (75. Geb.). Gebr. Rasche & Co.: Bramsche bei Osnabrück 1958 (Baukunst des 20. Jahrhunderts. Quellen und Monographien, Forschungen und Berichte, 2), S. 47–65, S. 63.
62 So der Untertitel.

einer unwahren, symbolisch-sakralen Maske"[63] zu verbergen, die ähnlich der *„späten Gotik", „erstarrte, zum Selbstzweck gewordene liturgisch-sakrale Formeln"*[64] seien. Und als 1971 der Architekt Helmut Striffler den damaligen Pastor Peter Beier nach seinen Wünschen für das geplante Gemeindezentrum Düren-Birkesdorf fragte, giftete ihn der spätere Präses der Evangelischen Kirche in Rheinland fast schon an: *„Kirchbau ist Zweckbau. Kirchbau ist nicht Sakralbau, nicht gebaute Liturgie und nicht gebautes Mysterium"*[65]. Solche Vorwürfe setzen das Anerkennen eines Bemühens voraus, eine Aussage durch Kunst und Symbolik möglich und wahrnehmbar werden zu lassen. Ansonsten wäre es einfacher, den Bauherren und Architekten des 19. Jahrhunderts lediglich Inhaltslosigkeit und Reduzierung auf eine reine Ästhetik und somit Geschmacksverirrung ohne Sinn und Hintersinn vorzuwerfen.

Doch die Zeitgenossen selbst geben Hinweise auf einen anzuwendenden hermeneutischen Schlüssel: Die Regulative und Thesen der Evangelischen Kirchbautage begründen viele Vorschriften mit Schriftwörtern. Der deutsche evangelische Kirchentag zu Barmen 1860 fordert für die Symbolik: *„Die durch die christliche Symbolik geheiligten Formen, wie des Kreuzes [...], des Dreiecks, des Quadrates u.s.w., sowie die sogenannten heiligen Zahlen, Drei, Vier, Sieben, Zwölf, empfehlen sich zur Berücksichtigung im Ganzen und Einzelnen*

---

63 Söhngen, Oskar: Kirchlich bauen. Eine Handreichung für Architekten, Pfarrer und Kirchenälteste. Gütersloher Verlagshaus Gerd Mohn: Gütersloh, 1962, S. 39.
64 Söhngen, S. 49.
65 Beier, Peter: Über die Schwierigkeiten der Protestanten, mit Räumen umzugehen. In: Bürgel, Rainer (Hrsg.): Raum und Ritual. Kirchbau und Gottesdienst in theologischer und ästhetischer Sicht. Vandenhoeck & Ruprecht: Göttingen, S. 39–45, S. 39.

des Kirchengebäudes und sind bei mässiger, sinniger Anwendung auch dem christlichen Volke leicht zum erbaulichen Verständnis zu bringen"[66]. Richard Bürkner zitiert 1899 diese Forderung wohlwollend[67]. Und Moritz Meurer lobt das Vorbild der gotischen Baumeister und der Reformatoren, die die „ökumenischen Symbole"[68] beibehalten hätten, und wendet sich energisch gegen die „Astergothik"[69], die durch eine bloße „Nachäffung der reichen Dekoration" zu einer bedenklichen „Zuckerbäcker = Gothik"[70] verkomme: Sie sei *„ein solches Nebensächliches und kann den Mangel einer tüchtigen Konstruktion nicht ersetzen, sondern wird ihn recht fühlbar machen, insbesondere wenn man bei dieser Dekoration aus Ersparnißgründen zu allerlei unsoliden Surrogaten und Aushilfen seine Zuflucht nimmt"*[71]. Doch beide Analysen zeigen, dass hier gedacht wurde. Das berühmte „Erbsenzählen" von Weinblättern und Bögen etc. ergab, dass es im Innenraum ausschließlich die Zahlen ZWEI, DREI, VIER sowie Kombinationen dieser gibt. Diese Ergebnisse scheinen mir hinreichend zu sein, ein Theologisches Programm zu vermuten.

---

66 § 20, Thesen des deutschen evangelischen Kirchentags zu Barmen 1860; Langemaack, S. 271.
67 Vgl. Bürkner, S. 106.
68 Meurer, S. 121.
69 Meurer, S. 122.
70 Meurer, S. 123.
71 Meurer, S. 123.

2. Fallstudie Evangelisch-Lutherische Peter-und-Paul-Kirche Höchstädt i. Fichtelgebirge

2.1. Zeitgeschichtliche Voraussetzungen für den Neubau 1887

Höchstädts Pfarrkirche befindet sich auf einer „Burgberg" genannten[72] Erhebung oberhalb des Weiherlohbaches im früheren Ortsteil Unterhöchstädt, die zwischen den früheren Ortsteilen Oberhöchstädt und den Siedlungen auf dem Schlosshübel, beides deutliche Erhebungen, errichtet wurde. Insofern steht die Evangelisch-Lutherische Peter-und-Paul-Kirche relativ gesehen an einem der tiefsten Punkte des Ortes. Dennoch ist diese Erhebung historisch. Hier befand sich das Schloss mit seiner Schlosskapelle[73], aus der sich spätestens im 16. Jahrhundert[74] die Pfarrkirche entwickelte. In der Pfarr-

---

72 Vgl. Bildunterschrift; Rohrer, Joachim G. Fr.: Aus den Protokollbüchern der politischen Gemeinde 1954 bis 1997. In: Höchstädt i.F. 1298–1998: 700 Jahre. Unter Mitarbeit von Joachim Rohrer. Eigenverlag der Gemeinde Höchstädt i.F.: Höchstädt i.F. 1998, S. 93–110, S. 92.
73 Vgl. Stark, Harald: Die älteste Zeit von Hestet – Höchstädt. In: Höchstädt i.F. 1298–1998: 700 Jahre. Unter Mitarbeit von Joachim Rohrer. Eigenverlag der Gemeinde Höchstädt i.F.: Höchstädt i.F. 1998, S. 21–71, S. 21.
74 Vgl. Ahnert, Matthias G.: Kirchen- und Pfarrerchronik aus sieben Jahrhunderten. In: Höchstädt i.F. 1298–1998 700 Jahre. Unter Mitarbeit von Joachim Rohrer. Eigenverlag der Gemeinde Höchstädt i.F.: Höchstädt i.F. 1998, S. 111–148, S. 120; Reinhard Wachinger vermutet die Entwicklung erst im frühen 18. Jahrhundert (Wachinger, Reinhard: Zur Baugeschichte der Höchstädter Kirche von 1887. In: Festschrift zum 100-jährigen

beschreibung aus dem Jahr 1864[75] wird die Kirche als ein Saalbau beschrieben, der einen Kanzelaltar sowie eine gutsherrliche Empore „*auf der westlichen Querseite des Kirchenschiffes*"[76] besaß. Ebenso war der Chor mit Altar im Turm untergebracht[77], der damit zum Chorturm wurde. Ein Großbrand, der in der Nacht vom 1. zum 2. Mai 1879 im Schloss ausbrach und dieses bis auf die Grundmauern vernichtete, griff auch auf die Pfarrkirche über. Pfarrer Ludwig Hegwein berichtet in seiner 1914 verfassten Pfarrbeschreibung, dass das Feuer jedoch im Bereich der Pfarrkirche unter Kontrolle gebracht werden konnte. Trotzdem war der Schaden, von dem Ludwig Hegwein berichtet, erheblich: Das Turmdach sei vollständig niedergebrannt[78]. Turm und Kirchenschiff erhielten ein Notdach[79]. Es ist ein Foto bekannt, der diesen Zustand mit beiden Notdächern dokumentiert[80]. Hier ist erkennbar, wie dem Kirchenschiff ein massiver, quadratisch wirkender Turm nachgestellt ist, der in seiner Höhe das Kirchenschiff nur wenig überragt. Solche Saalbauten waren im damaligen Markgrafentum Brandenburg-Bayreuth fast schon eine Art Standard für Landkirchen, oft mit Chorturm[81]. Anfangs wurde ein südlich-italienischer Barock als Baustil bevorzugt[82]. Somit scheint kein Widerspruch zwischen den

---

    Jubiläum der Kirche in Höchstädt 1887–1987. Selbstverlag: Höchstädt i.F. 1987., S. 30–37, S. 30).
75 PfA Höchstädt Nr. 57.
76 PfA Höchstädt Nr. 57, siehe auch Teilabschrift bei Wachinger 1987, S. 30;
77 PfA Höchstädt Nr. 174; vgl. Ahnert 1998, S. 126.
78 PfA Höchstädt Nr. 58.
79 Vgl. Wachinger, S. 30.
80 Siehe Ahnert 1998, S. 125.
81 Vgl. Ellwardt, S. 112.
82 Vgl. Ellwardt, S. 111.

kunsthistorischen Erkenntnissen über die Entwicklung und Besonderheiten des evangelischen Kirchenbaus im Markgrafentum Brandenburg-Bayreuth und den Baubeschreibungen im Pfarrarchiv zu bestehen.

Pfarrer Ludwig Hegwein war mit dem Bestandsbau überhaupt nicht zufrieden. Er beklagte, dass *„man drei Stufen hinuntersteigen* [müsse]*, satt hinaufzuwallen zum Hause des Herrn"*[83]. Ludwig Hegwein scheint hier auf die *„Allgemein gültigen Regeln beim Bau christlicher Kirchen aller Konfessionen"* zu verweisen. Die 1876 beschlossen Regeln sehen das Kirchengebäude als ein Abbild des Tempels in Jerusalem[84]; Ludwig Hegwein scheint mit deren Inhalt und ihren theologischen Begründungen vertraut gewesen zu sein[85]. Überlegungen eines Neubaus der Kirche unter Einbezug des vorhandenen Turmstumpfes unter seinen Vorgänger wurden verworfen[86]. Schließlich wurde neben dem Altbestand auf einem durch Aufschüttung vergrößerten Gelände seit Oktober 1886 die neue Pfarrkirche errichtet[87], die schließlich am 20. November 1887 eingeweiht wurde[88].

Anders als bei dem Neubauvorhaben unter Einbezug des Chorturmes der alten Pfarrkirche sind bisher keine Diskussionen über den Neubau nachweisbar. In beiden Vorgängen

---

83 Zitiert nach Wachinger, S. 31.
84 Vgl. „Allgemein gültige Regeln" 1876, Pkt. c) vgl. Langemaack, S. 275.
85 Denkbar wäre hier eine Interpretation als Argumentation für einen vollständigen Neubau ohne eine spirituelle, theologische Absicht. Hierzu fehlen weitere Aussagen, so dass sie derzeit als unwahrscheinlich gelten kann.
86 Vgl. gesamten Vorgang in PfA Höchstädt Nr. 176; Ahnert 1998, S. 135–136 bietet eine Zusammenfassung der Geschehnisse an.
87 Vgl. Wachinger, S. 32.
88 Vgl. Wachinger, S. 34.

wurden keine theologischen oder spirituellen Diskussionen geführt[89]. Während beim ersten Neubauvorhaben die Pläne gar nicht so weit entwickelt bzw. entschieden wurden, dass eine Planung der Inneneinrichtung folgen könnte, so war das bei der umgesetzten „großen Lösung" anders. Es wirkt verwunderlich, dass überhaupt keine Diskussion stattgefunden hat. Das Fehlen solcher Belege bedeutet jedoch nicht, dass es auch keine gab. Das vorher entwickelte Neubauprojekt unter Einbezug des Chorturmes zeigt sehr wohl, dass Gemeindeglieder engagiert ihre Anliegen vortragen konnten[90]. Es sollte daher davon auszugehen sein, dass eine solche Diskussion stattfand, auch wenn die Protokolle darüber keine Auskunft zu geben scheinen[91].

Es existieren sehr wenige Fotografien, die die ursprüngliche Farbfassung abbilden; diese zeigen als Motiv leider nur die Chorapsis. Als einzige Beschreibung ist die von Pfarrer Ludwig Hegwein erhalten, die der Erbauer der neuen Höchstädter Kirche in seiner Pfarrbeschreibung 1914 niederlegte[92]. Des Weiteren lebten 2001 noch Zeugen, die die alte Farbfassung kannten, aber widersprüchliche Angaben machten. Wichtig hierbei ist, dass die neugotische Einrichtung fast vollständig erhalten und nur die Farbfassung durch die Grundsanierung 1966 verloren gegangen ist. Insofern scheint eine Rekonstruktion der Kirche von 1887, soweit für die Entwicklung eines theologischen Programmes erforderlich, möglich.

---

89 Vgl. Protokolle des Kirchenvorstandes, PfA Höchstädt Nr. 54.
90 Vgl. gesamten Vorgang in PfA Höchstädt Nr. 176; Ahnert 1998, S. 135 f. bietet eine Zusammenfassung der Geschehnisse an.
91 Vgl. Protokolle des Kirchenvorstandes, PfA Höchstädt Nr. 54.
92 PfA Höchstädt Nr. 58.

2.2. Das Theologische Programm zum Zeitpunkt der Einweihung 1887

Die Regulative schreiben als Grundform ein längliches Viereck vor[93]. Die *„Allgemein gültigen Regeln beim Bau christlicher Kirchen aller Konfessionen"*, 1876 beschlossen, bieten eine Menge an theologischen Begründungen für diese Grundform an: An die Arche Noah soll die Kirche erinnern. Ebenso soll der Christ sich erinnern, dass er einem viereckigen Stein gleich sein soll. Schließlich soll das Schiff an die Stiftshütte und den Salomonischen Tempel erinnern[94], ebenso an das Neue Jerusalem. Doch wichtig wird ein anderer Aspekt: *„Auch dachten die Alten die Welt viereckig und die K. soll ein Abbild der Welt sein"*[95]. Damit scheint eine Grundkonstante für die Interpretation festzustehen: Die Kirche ist ein Abbild der Welt. Die übrigen Begründungsangebote sind nach Ansicht des Verfassers kein Widerspruch dazu. Die heilige Kirche als Gemeinschaft der Heiligen ist im Jetzt der gefallenen Welt und auf dem Weg in die Erlösung zu Jesus Christus. Dieser Schritt erscheint wesentlich.

Der Kirchgarten, auf dem auch die Kirche errichtet wurde, ist von einem gusseisernen, neugotischen Zaun von den angrenzenden Grundstücken und den Zugangsstraßen „Von-Waldenfels-Platz" und „Hauptstraße" abgegrenzt. Das Haupttor zur Kirche am „Von-Waldenfels-Platz" besitzt ein Band, das mit sogenannten „Vierpassen" abgeschlossen ist. Der Vierpass in Kreuzform ist ein wichtiges Symbol im christlich-

---

[93] Vgl. Eisenacher Regulativ, Nr. 2; vgl. Langemaack, S. 272; „Allgemein gültige Regeln" 1876, Pkt. C) vgl. Langemaack, S. 275.

[94] Vgl. „Allgemein gültige Regeln" 1876, Pkt. c) vgl. Langemaack, S. 275.

[95] Vgl. „Allgemein gültige Regeln" 1876, Pkt. c) vgl. Langemaack, S. 275.

jüdischen Kulturkreis. Er repräsentiert das Achsenkreuz der Erde: Norden – Süden, Osten – Westen. Die Zahl VIER steht für die Erde, für das irdische Prinzip[96]. Das Tor beziehungsweise der Zaun bildet nicht nur eine Grenzlinie der Eigentumsrechte, sondern grenzt auch das Irdische vom Heiligen ab.

Hinter dem Tor beginnt eine Treppe mit neun Stufen. Der Weg zur Kirche ist mit einem Aufstieg verbunden. Auch hier ist offensichtlich ein bestimmtes Bild eines heiligen Berges zu finden: der Tempel in Jerusalem[97], der eben nicht ebenerdig, sondern auf dem Tempelberg erbaut wurde. Theologisch ist der Aufstieg wichtig. Denn die Kirche soll auch das Neue Jerusalem darstellen, und das weckt sofort Erinnerungen an einen besonderen Aufstieg: die Völkerwanderung zum Zion[98]. Wir sind auf dem Plateau und noch drei Stufen und wir sind

---

96 Vgl. Meyer, Heinz/Suntrup, Rudolf: Lexikon der mittelalterlichen Zahlenbedeutungen. Wilhelm Fink: München 1987 (Münstersche Mittelalter-Schriften, Bd. 56), col. 332–402.

97 Vgl. „Allgemein gültige Regeln" 1876, Pkt. c) vgl. Langemaack, S. 275.

98 Jes 2,1–5; Das Bild des Berges Zion erinnert an Sulpiz Boisserée, der 1823 in seiner „Geschichte und Beschreibung des Doms von Köln" seine Vision der Vollendung des Torsos beschreibt: „*In dieser Vollendung wäre das Gebäude* [i.e. der Kölner Dom – sic!] *wie ein Berg Gottes, wie ein Berg Gottes, wie ein anderes Zion gewesen, den Bewohnern der Stadt und des Landes zum steten Ziel frommer, freudiger Erhebung kunstreich aufgerichtet*". (Boisserée, Sulpiz: Geschichte und Beschreibung des Doms von Köln [gekürzt, kommentiert durch Harold Hammer-Schenk], in Hammer-Schenk, Harold: Kunsttheorie und Kunstgeschichte des 19. Jahrhunderts in Deutschland. Texte und Dokumente, Bd. 2. Architektur, Reclam: Stuttgart 1985 (Universal-Bibliothek, 7889), S. 47–56, S. 52). Zu der Tatsache inwieweit diese Assoziation, den Berg Gottes in Beziehung zu Nation und Religion zu setzen, in Höchstädt und Wirbenz einen

am Kirchentor. Diese Stufenfolge scheint ebenfalls bewusst gewählt worden zu sein. Das Gelände wurde durch Aufschüttung verbreitert und mit Stützmauern abgesichert; das damalige Gelände hätte eine solche Stufenfolge wahrscheinlich nicht erlaubt. Für diese Zahlenfolge scheinen mehrere Interpretationsansätze möglich: Zum einen ist NEUN als Kombination 3 x 3 ein Sinnbild für eine gesteigerte Trinität[99]. Durch die letzten drei Stufen wären also insgesamt 4 x 3 = 12 zu finden: Die Trinität ist nicht nur ein himmlischer Vorgang oder gar polemisch ausgedrückt eine theologische Theorie, die nur der Himmel versteht, sondern, durch den Faktor VIER ausgedrückt, erdverbunden[100]. Sie findet deshalb ihre Endgestalt in der Apostelzahl[101] ZWÖLF. Die andere Möglichkeit wäre, die Zahl NEUN als Symbolzahl für die Engel zu lesen. Dann wäre nach Ansicht des Verfassers ein Hinweis auf die Engelsleiter[102] gegeben. Ebenfalls kann gerade in Bezug auf die Völkerwallfahrt zum Zion die Engelszahl ein Hinweis auf das christliche Leben sein, das von Engeln begleitet wird[103] – ein in der Volks-

---

    Einfluss gewinnen könnte, kann beim vorliegenden Stand der Aktenfindung und -auswertung keine Aussage getroffen werden.

99 Nach Franz Carl Endres *„... ist die Neun die mit sich selbst multiplizierte Drei, daher in enger Beziehung zur Symbolik der Drei selbst, oft sogar als eine Art Verstärkung des in der Drei enthaltenen mystischen Elementes gedacht"* (Endres, Franz Carl: Mystik und Magie der Zahlen. 3., überarb. u. verm. Aufl. Rascher: Zürich 1951, S. 185); ähnlich Meyer/Suntrup, col. 581.

100 Vgl. Endres, S. 123 ff.

101 Vgl. Meyer/Suntrup, col. 620–621.

102 Gen 28,12.

103 Vgl. Ps 91,11-12: *Denn er hat seinen Engeln befohlen, dass sie dich behüten auf allen deinen Wegen, dass sie dich auf den Händen tragen und du deinen Fuß nicht an einen Stein stoßest.* (LUT 2017).

frömmigkeit des 19. Jahrhunderts häufig anzutreffendes Bild. Über die Beweggründe und Grundlagen, die zu dieser Planung führten, sind bisher keine Belege nachweisbar. Daher müssen Aussagen über eine Tendenz oder gar eine Entscheidung weiteren Forschungen vorbehalten bleiben.

Vor uns ist das Kirchentor. Im Bogen ist wieder ein Vierpass zu erkennen, Symbol für das Irdische. Und dann eine schmal wirkende, zweiflügelige Tür. Wie die Seiteneingänge zeigen, hätte das Haupttor auch einflügelig gestaltet werden können. Doch das wollte man nicht. Die *„Allgemein gültigen Regeln"* schreiben eine zweiteilige Tür vor: Jeder Türflügel soll ein Testament symbolisieren[104]. Altes Testament, Neues Testament – , damit zwei Testamente, damit zwei Türflügel. Dazu soll die Tür schmal wirken oder besser: schmal sein: *„Denn der Weg zum Himmel ist enge und schmal"*[105]. Daher erscheint die Vorgabe konsequent, dass vor der Tür mehrere Stufen hinausführen müssen[106].

Damit ist deutlich: Wir stehen vor der Himmelspforte. Das bestätigt auch ein Blick auf die Turmseite des Kirchenschiffs. Im Spitzbogen sind „Dreipasse" zu finden. Die Zahl DREI ist seit alters her ein Symbol für das göttliche Prinzip, im christlich-jüdischen Kulturraum für Gott selbst. Die dazugehörige Form ist das Dreieck. Im christlichen ist es Symbol für den dreieinigen Gott[107]. Der Blick auf den Haupteingang verrät: Hinter der irdischen Pforte ist der Raum Gottes. Bevor wir jedoch ins Neue Jerusalem gehen, müssen wir dieses

---

104 Vgl. „Allgemein gültige Regeln" 1876, Pkt. p) vgl. Langemaack, S. 275.
105 „Allgemein gültige Regeln" 1876, Pkt. p) vgl. Langemaack, S. 275.
106 Vgl. „Allgemein gültige Regeln" 1876, Pkt. p) vgl. Langemaack, S. 275.
107 Vgl. Meyer/Suntrup, col. 214–331.

Leben leben. Das meinten unsere Vorfahren ganz neutral. Das Leben ist nichts Schlechtes. Doch es muss gelebt werden, es ist dem Neuen Jerusalem vorgelagert, so wie der Turm dem Schiff vorgebaut ist. Deshalb scheint es nur konsequent, dass die Gefallenentafeln in der Turmhalle aufgehängt sind – und das wohl von Anfang an. Ein Indiz dafür scheint zu sein, dass die Tafel für die Gefallenen des Deutsch-Französischen Krieges von 1870/71 bis heute am originalen Aufstellungsort hängt. Allerdings sollte aus theologischer Sicht hier die richtige Wahl des Ortes angezweifelt werden. Darauf wird später zurückzukommen sein[108].

Wir durchschreiten also die Pforte des Todes. Wieder ist eine Tür da, wieder zweiflügelig, aber durch Glas freundlich und hell. Wir stoßen sie auf und blicken ins Kirchenschiff.

Unser Blick fällt auf dem Hochaltar. Er wird geradezu dorthin geführt. Die schwarz-weißen Mettlacher Kacheln sind auf die Spitze gestellt und ziehen den Blick zum Chor. Die Leuchter weisen den Weg. Der Triumphbogen zieht noch einmal den Blick auf den Hochaltar. Das Ziel unseres Weges ist klar: Jesus Christus, der im Altarbild segnend dargestellt ist.

Wir gehen einen Schritt vor. Der Weg bleibt ebenerdig. Das ist ein Verstoß gegen das Eisenacher Regulativ, das klar und deutlich bestimmt: *„Aus der inneren Vorhalle in das Schiff führe eine Stufe hinab (Demüthigung vor Gott)"*[109]. Das wurde in Höchstädt bewusst übergangen, denn ein wichtiger Grund, die alte Kirche abzureißen, war, dass eben drei Stufen hinabführten[110]. Noch einen Schritt, und wir haben die Orgelempore unterquert und erleben plötzlich die Weite des Raumes. Über

---

108 Siehe Kapitel 2.3.2.2.
109 „Allgemein gültige Regeln" 1876, Pkt. o) vgl. Langemaack, S. 275.
110 Vgl. Wachinger, S. 31.

uns an der Decke ist ein Symbolbild. Leider wissen wir von seiner Existenz nur anhand eines Dias aus der Zeit der Kirchenrenovierung 1966[111]. Am Rand sind ein Schmuckrand und dann Teile eines Bildes zu erkennen. Das Kirchenschiff als Gemeinderaum hat vier Joche, durch Maßfenster gekennzeichnet. Ein Gewölbe fehlt. Stattdessen ist eine Holzdecke zu erkennen[112]. Die Balken waren wohl braun, auch scheinen die Ränder farblich gefasst gewesen zu sein; ganz genau ist dies auf den Schwarz-Weiß-Fotografien nicht mehr zu erkennen. Die Wandfarbe war hell. Die Maßfenster besaßen eine Ummalung, die sowohl ein Schichtmauerwerk aus weißen und roten Sandsteinen imitierte als auch die Granitausformungen[113] der

---

111 PfA Höchstädt, Sammlung Ulrich Berendes, ohne Nummer.
112 Für Marina Sczesny sind Flachdecken sowie die ausscheidende Apsis ein Beleg für den nachhaltigen Einfluss Klenzes bei fränkischen Landkirchen (vgl. Sczesny, S. 61). Die ausscheidende Apsis kann meiner Ansicht nach auch aus dem Regulativ und den daraus entstandenen Musterentwürfen abgeleitet werden. Ein Beleg für eine solche Einflussnahme ist für Höchstädt derzeit unbekannt.
113 Anzumerken sei hier, dass die Granitausformungen des Spitzbogens aller Türen und Hauptfenster aus dreizehn Steinen bestehen. Die Zahl DREIZEHN hat in der Zahlenmystik christlich-jüdischer Tradition keinerlei Bedeutung (vgl. Meyer/Suntrup, col. 646). Eine mögliche Interpretation ist – in Anlehnung an Leonardo da Vincis „Abendmahl" – die Aufteilung 6 + 1 + 6: Christus ist der Schlussstein, die Jüngerzahl jeweils zur Hälfte weisen im Bogen aufsteigend auf Christus hin. Eine solche Interpretation scheint mir nur dann möglich, wenn die Zahl DREIZEHN nicht nur in Höchstädt nachweisbar wäre. Theologisch scheint dem Verfasser eine solche Interpretation sehr konstruiert. Ähnliches gilt für die Doppelfenster im Erdgeschoss des Kirchenschiffes, die aus zwölf Steinen bestehen, und zwar in der Aufteilung 5 + 2 + 5: Jeweils fünf Steine ruhen gemeinsam auf zwei Steinen. Eine mögliche marianische Interpretation scheint dem Verfasser

Außenfassade wieder aufnahm. Diese Ummalung können wir auch am Chorbogen erkennen. Dadurch wird er zum Triumphbogen. Zum Triumphbogen wird der Chorbogen nicht allein durch die Art der Gestaltung. Zum Triumphbogen wird der Chorbogen theologisch durch den Ostersieg, den die Gemeinde durch Christus errungen hat. Weil die Gemeinde mit Christus gesiegt hat, weil die Gemeinde in der Feier der Sakramente in die Königsherrschaft Christi hineingenommen worden ist, wird der einzelne Glaubende selbst ein Triumphierender. Der Triumphbogen ist Zeichen der *Ecclesia triumphans*.

Die Zahl VIER taucht im Kirchenschiff häufig in verschiedenen Teilen und Formen auf. Wir befinden uns noch im irdischen Leben, auch wenn wir schon im Hause Gottes sind. Doch das Ziel ist nicht erreicht. *„In dem Schiff versammelt sich die Gemeinde, um gemeinsam ihr Gebets= und Lobopfer darzubringen, sie nahet sich zu Gott"*[114]. Deshalb schreiten wir zum Triumphbogen. Über uns ist ein Symbolfresko, das eine aufgeschlagene Bibel mit den griechischen Buchstaben Alpha und Omega auf je einer Seite zeigt. Links neben uns ist die Kanzel, rechts am Triumphbogen in Höhe des Predigers auf der Kanzel ein Kreuz, vor uns zwei Stufen. Sowohl Hochaltar als auch Kanzel seien mit brauner Ölfarbe[115] gestrichen gewesen. Bereits 2001 schien das, was unter der sich damals abblätternden weißen Farbe hervorkam, eher eine Beize zu sein. Die Ergebnisse der Befunduntersuchung 2004 ergaben in der Tat eine *„qualitätsvolle Maserierung in Kombination mit Goldauflagen"*[116]. Die Schmuckelemente waren bereits damals

---

    sehr konstruiert und nur dann zulässig, wenn auch andere Beispiele für eine solche Aufteilung nachweisbar wären.
114 Meurer, S. 113.
115 Vgl. Wachinger, S. 35.
116 Vgl. Protokoll der Ortseinsicht am 17. August 2005, Landratsamt Wunsiedel i. Fichtelgebirge, 26. August 2005, S. 1; Archiv

mit Blattgold abgehoben. Auch war die Chorapsis nach den erhaltenen Fotografien der einzige Raum, der durchgehend ausgemalt war, wobei ein wohl dunkelbraunes Sandsteinmauerwerk imitiert werden sollte, das bis zu den Fenstern reichte (**Abbildung 1**). Das Gewölbe scheint in der gleichen hellen Farbe wie die Wände des Kirchenschiffes gehalten zu sein[117]. Die Rippen waren durchgehend farblich gefasst. Der Schlussstein ist rund und ohne figürliche Darstellung oder Wappen. Auf dem Kreis des runden Schlusssteines sind Sterne zu erkennen. Damit ist die Chorapsis als königlicher Bezirk eindeutig Raum Gottes. Wer den Triumphbogen durchschreitet, der steht vor Gott selbst: *„In dem Chor vollziehen sich dagegen die Akte, in welchen sich recht eigentlich der Herr zu seinem Volke naht, insbesondere das Sakrament"*[118], d. h. das heilige Abendmahl. Die Anordnung sowie die Farbgebung erinnert sehr an das Bild Lukas Cranachs d.Ä. „Die Predigt", auf dem Martin Luther in einem braunen Sandsteinraum auf einer hohen Kanzel steht und auf ein Kruzifix in Augenhöhe deutet. Es ist durchaus möglich, dass dieses Bild Vorbild gewesen sein könnte. Doch hier steckt mehr dahinter: Um den Triumphbogen durchschreiten zu können, um der *Ecclesia triumphans* voll und ganz anzugehören, bedarf es, Jesus von Nazareth als Messias anzunehmen. Von oben kommt die Bibel, die Heilige Schrift, die bezeugt, dass Jesus von Nazareth der Messias, der Christus ist, der sagt: *„Ich bin das A und das O, der Anfang und das Ende"*[119]. Wer das erkennt, weiß auch um den Opfertod Jesu am Kreuz. Dieser Tod und die nachfolgende Auferstehung stehen

---

BLfD Außenstelle Oberfranken; Ortsakte Höchstädt i. Fichtelgebirge, Von-Waldenfels-Platz 1 [nachfolgend Ortsakte BLfD].

117 So Zeugenaussagen, die der Verfasser 2001 von verschiedenen Gemeindegliedern erbat.
118 Meurer, S. 114.
119 Apk 21,6 (LUT 2017).

an der Schwelle zwischen Himmel (also der Chorapsis) und Erde (dem Kirchenschiff). Daher ist die Position am Triumphbogen richtig: weder ganz im Himmel noch ganz auf der Erde, aber doch beider teilhaftig. Doch dazu braucht es noch der Verkündigung des Wortes durch die Predigt. Denn für Martin Luther ist Schriftwort ohne Predigt totes Wort, denn laut wird die Schrift erst durch die Predigt[120]. Diese entsteht durch zweierlei Faktoren: durch Jesu Wort und durch den Heiligen Geist. Predigt ist immer Teil dieser Welt. Insofern ist es nur folgerichtig, dass die Kanzel im Kirchenschiff steht. Es wächst aus Jesu Wort hinaus. Der Kanzelfuß ist als Weinrebe ausgestaltet: *„Ich bin der Weinstock, ihr seid die Reben. Wer in mir bleibt und ich in ihm, der bringt viel Frucht; denn ohne mich könnt ihr nichts tun"*[121]. Predigt kann nur dann christlich genannt werden, wenn sie sich in Jesu Botschaft verankert weiß. Das geschieht auch durch Mitwirkung des Heiligen Geistes, der über dem Prediger schwebt. Die Taube fliegt ins Kirchenschiff, also vom Hochaltar weg. Der Heilige Geist bewirkt die Verbindung zwischen Gott und seiner Gemeinde in der Gegenwart bis in aller Ewigkeit, während Jesu Kreuzigung die geschichtliche Manifestation dieser Verbindung ist. Wenn Predigt so geschieht, nämlich als aus Jesu Wort wachsend und durch den Heiligen Geist legitimiert, dann geschieht etwas anderes: Himmel und Erde beginnen sich bereits jetzt zu vereinigen. Die drei Bögen des Schalldeckels wachsen zusammen mit den vier Krabben des Deckeldaches zum Triumphturm, der nur noch die Zahl des Göttlichen Prinzips beinhaltet: DREI. Am Rand, zwischen Bögen und Dach sind auf jeder Seite sieben Rosen. SIEBEN, die Zahl der Vereinigung von Himmel und

---

120 Vgl. Luther, Martin: *Von Ordnung Gottesdiensts in der Gemeine* (1523), WA 12,35.

121 Joh 15,5 (LUT 2017).

Erde, bedeutet Vollkommenheit. Und das bereits jetzt, denn die Kanzel befindet sich real im Kirchenschiff, auch wenn der Eingang über die Sakristei führt[122].

Abbildung 1: Chorapsis um 1920.

---

122 Das scheint mir eine bewusst vollzogene Korrektur des theologischen Primates der Predigt vor allem im Barock (vgl. Kanzelaltäre) zu sein. Hier könnte ein Einfluss sowohl des neulutherischen Moritz Meurer als auch Wilhelm Löhes erkennbar sein. Löhe stellte fest: *„Auch im lutherischen Gottesdienst ist nicht die Predigt, sondern das heilige Abendmahl die größte Feier"*. (Löhe, Wilhelm: Der evangelische Geistliche. Liesching: Stuttgart 1858 (2. Ansichten aus den verschiedenen Arbeitsgebieten des geistlichen Amtes, S. 200). Inwieweit in der Tat eine Korrektur einer (empfundenen) Fehlentwicklung vorliegt, kann aus den Akten des PfA Höchstädt allein nicht nachgewiesen werden.

Neben Gott Sohn und Gott Heiliger Geist fehlt nur noch Gott Vater. Sein Ort ist immer der Altar. Über dem Altarbild ist ein zentraler Dreipass zu finden, der sich etwa in Höhe der Kanzel-Taube befindet. Verbindet man nun Taube, Kruzifix und Zentrum dieses Dreipasses, entsteht in der Horizontalen ein Dreieck, Zeichen Gottes. Auch im Altar wird ein Dreieck deutlich, nämlich wenn jeder Dreipass eines jeden der beiden Flügel mit dem letzten Dreipass verbunden wird, diesmal aber vertikal (**Zeichnung 1**). In allen Richtungen wirkt Gott, ist er vorhanden. Doch unser Weg auf Erden ist noch nicht zu Ende. Auch wenn die Kirche das Neue Jerusalem darstellen soll, so ist sie dennoch erdverhaftet. Das zeigt auch der Boden der Chorapsis: Egal wie man steht, es entsteht die Kokarde des Deutschen Kaiserreiches. Eine Interpretation der Bodengestaltung bietet sich hier nicht von sich aus an[123]. Wir müssten nun eigentlich um den Hochaltar weiter Richtung „Osten", (was in Höchstädt leider wegen Lage und Größe des Kirchgartens seit dem Neubau 1887 Norden ist) gehen. Doch wir knallen gegen die Wand. Unsere Zeit zum Heimgang ist nicht gekommen, noch nicht. Und was dazu nötig ist, wofür dieser Hochaltar steht, das zeigt das Hauptfenster hinter dem Hochaltar. Um ins ewige Reich einzugehen, kann der Weg wiederum nur über Christus gehen. Daher ist es sinnvoll, dass sich das Christusbildnis im Maßfenster hinter dem Hochaltar befand[124]. Die Verbindung

---

123 Siehe Diskussion unter 2.2.2.1.
124 Die Untersuchung evangelisch-lutherischer Kirchenbauten des 19. und frühen 20. Jahrhunderts in Sachsen, die Matthias Grentzschel 1989 vorstellte, ergab ähnliche Befunde. Grentzschel stellt für Sachsen fest: „*So variantenreich die Ikonographie der Chorfenster auch war, fast immer hatte sie die zentralen Themen des Christusgeschehens zum Inhalt*" [Grentzschel, Matthias: Kirchenraum und Ausstattung im 19. Jahrhundert. Untersuchungen zur bildkünstlerischen Ausstattung evangelisch-

zwischen Kruzifix, Taube und Christusbildnis ergibt ein Dreieck, der den Altar als Ort Gott Vaters in seine Mitte nimmt (**Zeichnung 2**). Der Bibelvers dazu ist auch einprägend: „*Ich bin der Weg, die Wahrheit und das Leben* [, niemand kommt zum Vater denn durch mich]"[125]. Also geht unser Weg wieder zurück. Der Weg geht dann durch die Seitenportale. Da wir uns bereits im göttlichen Bezirk befinden, können die Türen einflügelig sein. Darauf deutet auch der Dreipass im Spitzbogen jeder Tür. Der Weg geht auf den Friedhof. Auch wenn er aufgelassen ist: Er bleibt Acker Gottes. Wieder einmal zeigt sich eines: Die heilige Kirche ist eine Gemeinschaft der Lebenden und der Toten.

Zeichnung 1

---

lutherischer Kirchenbauten des 19. und frühen 20. Jahrhunderts in Sachsen. Peter Lang: Frankfurt/Main et al. 1989 (Europäische Hochschulschriften, Reihe 28 Kunstgeschichte, Band 95), S. 73].

125 Joh 14,6 (LUT 2017). Die Aussage erfährt nach Meinung des Verfassers dadurch eine gewichtige Betonung, dass dieses Fenster die einzige figürliche Darstellung im Fensterprogramm der Höchstädter Pfarrkirche war. Alle anderen Fenster, wie auch die übrigen Bereiche des Hauptfensters, bestanden nach Aussage der befragten Augenzeugen aus bunten geometrischen Mustern, deren Farben je nach Fenster variierten. Auf Fotografien, die den Fortschritt der Sanierung 1966 zeigen, sind diese Muster erkennbar (PfA Höchstädt, Sammlung Ulrich Berendes, ohne Nummer).

Zeichnung 2

2.2.2. Diskussion über mögliche Interpretationen
2.2.2.1. Bodengestaltung

Der Boden der Chorapsis ist mit schwarzen, weißen und roten Fliesen gestaltet. Diese Fliesen sind so angeordnet, dass für den Betrachter unabhängig von dessen Standpunkt die Kokarde des Deutschen Kaiserreiches entsteht. Eine Interpretation erweist sich als nicht einfach. Aus theologischer Sicht scheinen keine Anhaltspunkte zu bestehen, die hier ein Zeichen der göttlichen Legitimierung des Deutschen Kaiserreiches im Sinne eines Gottesgnadentums zu sehen erlaubten. Wollte man das Gottesgnadentum des Deutschen Kaisers betonen, so wäre ein Symbol, zum Beispiel ein Wappen, am Hochaltar der richtige Platz. Auf Heiliges wird auch in einer lutherischen Kirche nicht getreten. Die Berichte der örtlichen Presse erwähnen nationale Elemente wie z. B. das Hochleben des Kaisers, Einzug mit Nationalflaggen oder einen entsprechenden Fahnenschmuck im Ort, in keiner Weise[126].

---

126 Vgl. Anonymus [Bericht ohne Titel in der Rubrik „Vermischtes" mit der Ortsmarke „Höchstädt im Fichtelgebirge"]. In: Süddeutsche Land=Post Nr. 140 vom 29. November 1887, o.S.; vgl. Anonymus (Fr K) [Bericht ohne Titel in der Rubrik „Lokales und aus dem Kreise" mit der Ortsmarke „Höchstädt

Ein möglicher Erklärungsansatz vermutet eine politische Aussage: Dass dieser Chorraum mit seiner Aussage *Solus Christus* möglich ist, das wird der Rechtssicherheit verdankt, für die das Hohenzollern'sche Herrscherhaus steht. Hier werden Erfahrungen im kollektiven Gedächtnis gerade fränkischer Evangelischer schmerzhaft gegenwärtig.

Vielmehr könnte hier ein Zustand gewürdigt werden, der für Evangelische im Königreich Bayern damals nicht selbstverständlich zu sein erschien: evangelisch zu sein ohne Repressalien. Rekatholisierungsversuche wie insbesondere unter König Ludwig I. und seinem Minister Carl von Abel[127] – erinnert sei nur an die 1838 erlassene Kniebeugeorder[128] – scheinen unmöglich. Damit besäße die Bodengestaltung eine politische Aussage: Die Heimat für Evangelische, in der sie sicher und frei in ihrer Religionsausübung leben konnten, war nicht das Königreich Bayern; es waren das eng mit Berlin verbundene Markgrafentum Brandenburg-Bayreuth und das Zweite Deutsche Kaiserreich. Die gemeinsame Konstante beider Staaten ist nichts weniger als das Haus Hohenzollern[129].

---

bei Wunsiedel"]. In Hofer Anzeiger – Tagblatt für Hof und Umgegend. Nr. 281 vom 29. November 1887, S. 2.
127 Vgl. Turtur/Bühler, S. 214–289, bes. S. 214–222.
128 Kriegsministerialerlass Nr. 7633 vom 14. August 1838, BayHStA Kriegsministerium 2596.
129 Wolfgang Lück weist auf religionssoziologische Aussagen hin, die das Selbstbild des deutschen Protestantismus mit der Gleichung „Deutschtum = Protestantisch = Kulturträger Nr. 1 = Deutsches Reich mit seinem Kaiser" beschreiben (Lück, Wolfgang: Lebensform Protestantismus. Reformatorisches Erbe in der Gegenwart. W. Kohlhammer: Stuttgart et al. 1992, S. 30–37; S. 90–95.

2.2.2.2. Anmerkungen zum Standort der Gefallenentafel

Die Analyse und Interpretation des rekonstruierten Zustandsbefundes zum Zeitpunkt der Einweihung 1887 legt nahe, warum die Turmhalle als Standort für Gedenktafel für Gefallene und Vermisste von Kriegen und Opfer ähnlicher Kriegshandlungen wie Vertreibung, Deportation und Unrechtsregimen ein liturgischer Unort ist. Gerade bis in die Weimarer Republik hinein wurde der Heldentod durch das Opfer Christi gedeutet[130]; denn *„das Reich hat Erlösungscharakter und ist in der Nähe des Reiches Gottes angesiedelt"*[131] – so ordnet Wolfgang Lück den Standpunkt des deutschen Protestantismus zwischen den Weltkriegen religionssoziologisch ein.

---

130 Emil Högg schreibt in seinem als *„Wegweiser für die verantwortlichen Stellen"* (so die Schriftleitung – a.a.O., S. 6) gedachten, 1915 erschienenen Schrift „Kriegergrab und Kriegerdenkmal": „[...] *aber wird – vor einigen Zeiten hätte man es vielleicht nicht aussprechen dürfen – unter dem Eindruck des lodernden Weltkrieges sich niemand mehr der Erkenntnis verschließen, daß es um den Soldatentod doch ein eigen Ding ist, wesensverschieden von dem natürlichen Sterben und Vergehen des friedlichen, wenn auch noch so verdienten Bürgers. Der Tod auf dem Schlachtfelde im Kampfe fürs Vaterland ist die einzige nützliche und zweckvolle Art, das Leben hinzugeben, ist ein Opfer zum Heile einer Gesamtheit und darum der Gegensatz zum friedlichen Tod, der, in diesem Sinne zweck- und nutzlos, ein bloßes bedauerliches Unglück, ein Aufhören ist"* (Högg, Emil: Kriegergrab und Kriegerdenkmal. Ziemsen: Wittenberg 1915 (Die Bücher der Kirche, 7), S. 35 f.); Obwohl für den kirchlichen Gebrauch bestimmt, argumentiert Högg – von dieser Stelle abgesehen – in seiner Schrift rein aus seiner eigenen, kunstgewerblichen Sicht.
131 Lück, S. 94.

Deswegen wurde oft für Gefallenentafeln ein Standort nahe dem Altar bzw. der Chorapsis ausgewählt, wie in Wirbenz nach dem Ersten Weltkrieg 1921[132]. Dahinter befindet sich der Gedanke, dass die christliche Gemeinde, die sich zum Gottesdienst und damit zum Loben einfindet, eben eine Gemeinschaft der Heiligen ist, die sich aus den Lebenden und den Toten zusammensetzt[133]. Gerade weil hier der Weg des Glaubenden zu Christus nachgezeichnet wird, ist die Turmhalle – als Pforte des Todes – als Standort für Gedenktafeln ein liturgischer Unort, denn die Gefallenen sind nicht mehr dem Irdischen zugeordnet. Sie befinden sich nicht im Diesseits, das ja vor der Kirche zu finden ist; sie gehören aber auch nicht dem Jenseits an, das eben – wie gezeigt – hinter der Turmhalle mit dem Kirchenschiff beginnt. Die Gefallenen sind zwischen Erde und Himmel gefangen. Dadurch wird die Turmhalle zur Heldenhalle; aus einer theologischen Aussage wird eine weltliche, vielleicht sogar politische Aussage. Die Wahl des Standortes für die Gedenktafeln der Gefallenen und Vermissten des Deutsch-Französischen Krieges 1870/71 und des Zweiten Weltkrieges erscheint daher aus theologischer Perspektive unglücklicher als die des Gedenksteins für die des Ersten Weltkrieges, der vor der Kirche im Kirchgarten steht[134].

---

132 Vgl. PfA Wirbenz Nr. 255.
133 Vgl. Vogt, Arnold: Kriegerdenkmäler und Mahnmäler. Überregionale Rahmenbedingungen und Strukturen ihrer Errichtung und Gestaltung in Westfalen und Lippe. In: Westfälische Forschungen. Mitteilungen des Provinzialinstituts für Westfälische Landes- und Volksforschung des Landschaftsverbandes Westfalen-Lippe, Bd. 37 (1987), S. 23–57, S. 27; polemisierende Konnotation ist nicht zu überlesen.
134 Diesen Standort empfiehlt Emil Högg, ohne diesem gegenüber anderen von ihm vorgeschlagenen Positionen für ein Krieger-

2.2.2.3. Eine Höchstädter Besonderheit: der Fünfpass

Die im Kirchenbau selten nachzuweisende Zahl FÜNF gehört zu den Besonderheiten der Höchstädter Kirche. Denn die Zahl FÜNF wird in den „*Allgemein gültigen Regeln*" nicht als heilige Zahl genannt[135]. Eine mythologische Bedeutung erhielt die Zahl FÜNF durch ihre Zuordnung zur mesopotamischen Göttin Ištar[136], die als Göttin des Krieges und des sexuellen Begehrens Teil des sumerischen und akkadischen Pantheons ist[137]. Als Planetengöttin hat Ištar – wie die römische Venus[138] – ein besonderes Verhältnis zum Planeten Venus. Fünf obere Konjunktionen durchläuft die Venus auf ihren Weg durch den Jahreskreis[139]. Die Verbindung dieser Punkte ergibt ein idealtypisches Pentagramm, das nicht ganz geschlossen ist[140]. Als Ideogramm der Ištar ist das Pentagramm seit der Dschemdet-Nasr-Zeit (um 3000. v.Chr.) nachweisbar[141]. Ištar wurde zum Vorbild der Aphrodite,

---

denkmal im kirchlichen Kontext einen wirklichen Vorzug zu geben (Högg, S. 51–52).
135 Vgl. § 20, Thesen des deutschen evangelischen Kirchentags zu Barmen 1860; Langemaack, S. 271.
136 Vgl. Endres, S. 137.
137 Vgl. Haussig, Hans Wilhelm (Hrsg.): Götter und Mythen im Vorderen Orient. Ernst Klett: Stuttgart 1965 (Wörterbuch der Mythologie. Abteilung 1: Die alten Kulturvölker. Band 1), S. 81.
138 Vgl. Kersten, Jacqueline: Die altorientalische Inanna/Ištar als Vorbild der Aphrodite. In: Seifert, Martina (Hrsg.): Aphrodite. Herrin des Krieges, Göttin der Liebe. von Zabern: Mainz am Rhein 2009, S. 27–45, S. 45.
139 Vgl. Endres, S. 138.
140 Vgl. Endres, S. 138–139.
141 Vgl. Childe, V. Gordon: New Light on the most ancient East. 4th Ed. Grove Press: New York, o.J. [1958], S. 134.

die wesentliche Charakterzüge und Merkmale Ištars übernimmt, jedoch dann eine eigene Entwicklung einschlägt[142]. In der griechisch-römischen Antike galt die Zahl FÜNF als ursprünglich und damit als Zahl der Frau[143], die in Delphi zur „*Zahl der dionysisch-geschlechtlichen Kraft*"[144] wurde. Damit wurde die Zahl FÜNF zur Zahl der Göttin Venus, der Weiblichkeit, vor allem der weiblichen Sexualität. Bald entwickelte sie sich dadurch zum einen zur Zahl des Antichristen, bald zum Drudenfuß; der Fünfpass wird zum bewusst antichristlichen Stern, den die Freimaurer annehmen[145]. In der Bedeutung als Zahl für den Antichristen ist er vor allem im Protestantismus zu sehen.

Im Mittelalter behandeln Fenster mit Fünfpass vor allem das Armageddon, den Endzeitkampf. Es gibt daneben auch mittelalterliche Beispiele für eine andere Tradition: Der Fünfpass wurde neuzeitlich zum Symbol Mariens[146]. Im Regensburger Dom ist so ein Fünfpass ähnlich wie in Höchstädt vorhanden, dessen Glasmalerei eine Mariendarstellung beinhaltet[147]. Sie ist um das Jahr 1360/70 datiert und zeigt Maria

---

142 Vgl. Kersten, S. 38–45.
143 Vgl. Endres, S. 148.
144 Endres, S. 148.
145 Vgl. Schuster, Georg: Die geheimen Gesellschaften, Verbindungen und Orden. [Nachdruck, zwei Bände in einem Band] 3. Aufl. fourier: Wiesbaden 1995, Band 2, S. 113; der christliche Stern ist ein Sechspass, der an einen ausgefüllten Davidstern erinnert.
146 Vgl. Endres, S. 140.
147 Vgl. Laipple-Fritzsche, Gabriela: Mittelalterliche Glasmalerei im Bistum Regensburg. In: Morsbach, Peter (Hrsg.): 1250 Jahre Kunst und Kultur im Bistum Regensburg. Berichte und Forschungen. Schnell & Steiner: München et al. 1989 (Kunstsammlungen des Bistums Regensburg, Diözesanmuseum Re-

mit dem Jesuskind auf einer Sonne, umgeben von vier Rosen. Rosen wurden bald zum Symbol Marias. Rosen haben dabei immer fünf Blätter[148]. Auf eine Anfrage des Pfarramtes erwähnte das Bischöfliche Zentralarchiv Regensburg eher beiläufig, dass Domvikar Georg Dengler (1839–1896) beim Bau der Höchstädter Kirche mitgewirkt habe, indem er das Hauptfenster persönlich entwarf[149]. Grundsätzlich sind in den Aufrisszeichnungen, die das Pfarrarchiv bewahrt, trotz Detailreichtum keine Maßfenster eingezeichnet[150]. Sollte die Aussage des Regensburger Zentralarchivs zutreffend sein[151], scheint es dem Verfasser sehr wahrscheinlich, dass der Fünfpass im wichtigsten Kirchenfenster überhaupt auf Denglers Anregung hin entstanden ist. Dann ergeben sich zwei Interpretationsmöglichkeiten: Entweder ist er Symbol für den Antichristen, somit ist die Botschaft apologetisch aufzufassen: *„Nicht der Papst, Ihr seid die wahren Antichristen"*. Oder er wird als Symbol für Maria gesehen. Dann heißt es: Maria ist die Gottesmutter, die als erster Mensch überhaupt vor dem Gericht und uns allen als Mensch das Neue Jerusalem be-

---

gensburg – Kataloge und Schriften, Band 7), S. 261–281; S. 264.
148 Martin Luthers Hauswappen zeigt eine Rose; es erscheint dem Verfasser durchaus möglich, dass Luther sich dieser Bedeutung bewusst war und sie auch bewusst angewendet hat.
149 PfA Höchstädt ohne Nummer.
150 PfA Höchstädt Nr. 181a; allerdings existieren Zeichnung für die Maßfenster, aber ohne Orts- oder Stückzahlangabe (PfA Höchstädt, Nr. 181a). Für die Chorfenster ist eine separate Aufrisszeichnung gegeben, die als Einzige einen genaueren Hinweis auf die Verglasung erhält: *„Cathedralglaseinsatz"* in *„Grisaille-Ornamentik"* (PfA Höchstädt, Nr. 181a).
151 Leider nennt das Bischöfliche Zentralarchiv Regensburg in diesem Schreiben keine Quelle.

treten durfte und damit auf die Richtigkeit der Botschaft und seinen Sieg hinweist. Dem Verfasser erscheint Letzteres wahrscheinlicher. Denn die Feststellung der katholischen Lehre, die „*menschliche Natur* [...] [ist] *nicht durch und durch verdorben*"[152], wird durch eine Umgangs- und Denkweise dokumentiert, die immer das Gute in einem Menschen voraussetzt. Sollte sich Georg Dengler dieser Grundfeststellung entziehen und sich seiner dann unterstellten Ansicht nach um irgendwelche „Ketzer" im „Strafversetzungsgebiet" kümmern, die *de facto et jure* nicht der Jurisdiktion des Bischofs von Regensburg unterstehen, die nur Antichristen sind, so wäre dies Beleg für eine mögliche Diskrepanz zwischen Lehre und kirchlichem Handeln. Dies scheint für den Mann, der das Bistum Regensburg so neu ordnete, dass die Auswirkungen bis heute spürbar und erkennbar sind, nach derzeitigem Wissensstand weder begründet vermutet noch belegt zu sein.

Das Motiv des Fünfpasses wird im Hochaltar wieder aufgenommen: Auf der Evangeliumsseite des Hochaltars ist die Hostienschale, auf der Epistelseite der Kelch in ihm abgebildet. Verbindet man die Zentren aller drei „Fünfpasse", so entsteht wieder ein Dreieck, in dessen räumlicher Mitte die Darstellung Christi mit dem Spruch: „*Ich bin der Weg, die Wahrheit und das Leben*"[153] zu finden ist (**Zeichnung 3**). Damit wird Maria zum Wegweiser Christi, sie weist auf Christus hin, ebenso wie Brot und Wein als Abbildung auf den Urheber deuten. Die klassische Deutung, Maria als Fingerzeig für Christus zu sehen, bestärkt die Vermutung des Verfassers, dass Georg Dengler eine marianische Interpretation im Sinne hatte. Die Besonderheit für Höchstädt besteht damit darin, dass der

---

152 Katechismus der Katholischen Kirche. Kompendium. Libr. Ed. Vaticana. München, Pattloch: Rom 2005; Nr. 77, S. 51.
153 Joh 14,6.

Hochaltar nicht *telos*, also Ziel einer Bewegung ist, sondern selbst zur Bewegung wird, vielleicht zum Beschleuniger nach oben. Denn das Dreieck ist diagonal und seine Spitze zeigt nach oben. Insofern scheint nach Meinung des Verfassers hier eine kunsthistorische Besonderheit vorzuliegen[154].

Zeichnung 3

2.2.2.4. Traditionsabbruch

Ludwig Hegwein hat in seiner Zeit als Pfarrer von Höchstädt in der Frage des Vorgehens nach der schweren Beschädigung der Pfarrkirche 1879 drei Entscheidungen getroffen, die bisher in der Heimatforschung nach Kenntnis des Verfassers nur

---

154 Übrigens möchte der Verfasser eine Erklärung für das Höchstädter Phänomen anbieten, die Kommunionausteilung auf der sogenannten „Kelchseite" zu beginnen. Liturgisch wird immer auf der Epistelseite, also zur Rechten des Liturgen, begonnen. Für die Darstellung der Abendmahlsgeräte spielte wahrscheinlich die Ausrichtung Christi auf dem Altarbild zur Gemeinde eine Rolle: Zu seiner Rechten wurde die Hostienschale dargestellt. Aus der Diskrepanz der Orientierung der handelnden Personen ergibt sich diese Kreuzung von Darstellung und Handeln.

unabhängig voneinander mehr chronistisch als analysierend Erwähnung zu finden scheinen.

Zum einen wurde der alte Kirchenbau vollständig abgetragen – ohne zwingende Notwendigkeit. Schon die ersten Planungen sahen einen Neubau unter Einbeziehung des historischen Turmes vor[155]. Hegwein berichtet von einem *„festen Gefüge"* des Mauerwerkes[156]. Gemeindeglieder berichteten 2001 dem Verfasser übereinstimmend, dass nach Aussagen ihrer Eltern bzw. Großeltern insbesondere der Turm nur mit sehr hohem Aufwand abzubrechen gewesen sei. Das kann in Übereinstimmung mit den ersten Studien für einen Um- und Neubau nach dem Schlossbrand 1879 gebracht werden, die alles infrage stellten, nur nicht den Turmstumpf[157].

Selbst wenn ein Neubau an anderer, naher Stelle die Notwendigkeit dieser Stunde darstellte: Der Abriss des Turmstumpfes war keine zwingende Notwendigkeit, denn das Eisenacher Regulativ stellt unmissverständlich fest: *„Auch sollten vorhandene brauchbare Reste älterer Kirchengebäude sorgfältig erhalten und massgebend benutzt werden"*[158]. Ebenso empfiehlt das Eisenacher Regulativ eine Taufkapelle oder als alternativen Standort für den Taufstein die Vorhalle des Hauptportals, in Höchstädt also die Turmhalle[159]. Die Taufkapelle soll am oder neben dem Chor stehen. Wäre die Kirche um wenige Meter nach Westen verschoben worden, dann wäre der Chorturm als Taufkapelle verwendbar gewesen[160].

---

155 Vgl. PfA Höchstadt Nr. 176.
156 Zitiert nach Wachinger, S. 32.
157 Vgl. PfA Höchstädt Nr. 176: Neubau des Kirchenschiffes 1867–1881.
158 Vgl. Eisenacher Regulativ, Nr. 3; vgl. Langemaack, S. 272.
159 Vgl. Eisenacher Regulativ, Nr. 9; vgl. Langemaack, S. 273.
160 Vgl. „Situationsplan" mit Grundrisszeichnung, PfA Höchstädt Nr. 181a.

Stattdessen wurde ein mobiler Taufstein angeschafft, der ausdrücklich und unmissverständlich durch das Regulativ verboten war[161]. Diese neben der fehlenden Stufe nach der Turmhalle nun zweite Änderung lässt auf den bewussten Charakter dieser Entscheidung schließen, insbesondere da sonst alle Vorschriften äußerst genau eingehalten wurden.

Dazu tritt der Verlust der gesamten Inneneinrichtung der alten Pfarrkirche, die seit Abbruch der alten Pfarrkirche verschollen ist[162]. Vor allem der Verlust des Taufengels und des Altares – beides Arbeiten des Bildhauers Elias Räntz – wird heute oft beklagt[163]. Die Entscheidung, sich von der Inneneinrichtung der alten Pfarrkirche zu trennen, steht im Einklang mit den Forderungen des Eisenacher Regulatives. So fordert Punkt 3: „*Ebenso müssen die einzelnen Bestandtheile des Bauwesens in seiner inneren Einrichtung, von dem Altar und seinen Gefässen bis herab zum Gestühl und Geräthe, namentlich auch die Orgel, dem Stil der Kirche entsprechen*"[164]. Aspekte des Denkmalschutzes kommen erst rund 20 Jahre später zum Tragen[165]. Insofern scheint der Verlust der Innen-

---

161 Vgl. Eisenacher Regulativ, Nr. 9; vgl. Langemaack, S. 273.
162 Vgl. Ahnert 1998, S. 137.
163 Vgl. Ahnert 1998; S. 137.
164 Eisenacher Regulativ, Nr. 3; vgl. Langemaack, S. 272.
165 Vgl. Fekete, S. 9–70. Dass der Einzug denkmalerischer Aspekte nicht nur in Bayern tragend werden, ist gut zu beobachten am Projekt der Erweiterung des Rathauses in Bremen durch einen Ersatzbau des Stadthauses (heute „Neues Rathaus" genannt, schließlich durch Gabriel von Seidl 1909–1913 errichtet); die ersten Wettbewerbe („Concurrenz" genannt) scheiterten allesamt wegen der festgestellten Verfehlung der Anforderung einer zurückhaltenden Architektur bzw. Baukörpers, der das Wesen des Bestandes im Stile der Weser-Renaissance störten Das hing wesentlich entweder mit der Wahl einer adaptierten

einrichtung keine Entscheidung im Sinne eines bewussten Bruches mit der Tradition des Ortes zu sein.

Die zweite ist die Entscheidung, den Altar zu einer „*mit Tüchern behangenen Bretterkiste, die nichts mehr von seinem eigentlichen Sinn und Wesen erkennen läßt*"[166], zu machen. Ein Altar als Aufbewahrungsraum für Vasen ist dem Katholischen ein Greuel; diese Entscheidung hätte nach Überzeugung des Verfassers die Krone nicht akzeptiert, wäre der Neubau durch sie finanziert worden. Daher sind die beiden älteren neugotischen Altäre im Evangelisch-Lutherischen Dekanat Selb dann auch Steinaltäre. Diese Entscheidung setzte die Ablösung der staatlichen Baulast voraus, die mit notarieller Urkunde vom 30. Dezember 1884 vollzogen wurde[167]. Sie ermöglichte erst die Umsetzung einer „großen Lösung" mit Abbruch des dann Vorgängerbaus und der Neubau einer Pfarrkirche an naher, aber dennoch neuer Stelle.

Und letztens die Entscheidung, der Kirche endgültig die Würde zu nehmen und ihren Namen zu löschen. In dieser

---

Neugotik und/oder dem Vorschlag eines Rathausturmes, der sich in seiner Höhe an der damaligen Silhouette orientierte, jedoch nicht proportional zum vereinigten Baukörper aus Alten und Neuem Rathaus passte, zusammen. (Tacke, Wilhelm: Das Neue Rathaus in Bremen. Oder: Wie kommt der Sündenfall über das Portal? Edition Temmen: Bremen 2013, S. 34–40; S. 44–46).

166 Rickert, Arnold: Taufstein, Altar und Kanzel. Ihre Ordnung und Einordnung in den gottesdienstlichen Raum. In: Arbeitsausschuß des Evangelischen Kirchbautages (Hrsg.): Evangelische Kirchenbautagung Erfurt 1954. Evangelische Kirchenbautagung Karlsruhe 1956. Siebte und achte Tagung für evangelischen Kirchenbau., Heyer, Walter (Bearbeiter), o. O. o. J. [1957], S. 225–242, S. 233.

167 Vgl. Wachinger, S. 31.

Zeit und nach Eindruck des Verfassers bis heute scheint der deutsche Protestantismus überzeugt zu sein, das Christentum hätte nur dann eine Chance zum Überleben, wenn es sich selbst entreligionisiert und „vernünftig" nachvollziehbar wird[168]. Dieser Schritt, die Kirche nur noch als *„Protestantische Kirche Höchstädt"*[169] zu bezeichnen, wird gravierender, wenn man die Ablehnung Martin Luthers in Erinnerung ruft, die Bezeichnung „Kirche" für das Gebäude zu verwenden. Denn „Kirche" bezeichnet für den Reformator die Versammlung der Gläubigen, nicht das Gebäude. Für Luther war hierin ein Hang zu Werkgerechtigkeit und Ablehnung des Priestertums aller Getauften zu sehen, wenn das Gebäude „Kirche" heißt, denn es impliziere eine Trennung zwischen Gemeinde und Geistlichkeit[170].

Alle drei Entscheidungen haben eine ähnliche Struktur: Historische Zeugnisse, die Teil einer gelebten Tradition sind, werden ohne zwingenden Umstand aufgegeben und so beseitigt, dass sie kein Bestandteil einer gelebten Tradition mehr darstellen können und als heimatlicher Identifikationsort nicht mehr zur Verfügung stehen. Ludwig Hegwein hat nach Überzeugung des Verfassers den Abbruch mit der Tradition und der Geschichte des Ortes ganz bewusst vollzogen.

---

168 Eines der bekanntesten Beispiele hierfür ist das Entmystifizierungsprogramm Rudolf Bultmanns; für eine Zusammenfassung seiner Thesen und einen Ausblick auf den theologischen Diskurs siehe Kantzenbach, Friedrich Wilhelm: Programme der Theologie. Denker, Schulen, Wirkungen; von Schleiermacher bis Moltmann. 2. Aufl. Claudius: München 1978, S. 202–227.
169 PfA Höchstädt Nr. 181a, „Situationsplan etc.".
170 Vgl. Luther, Martin: Deudsch Catechismus (Der große Katechismus) 1529, WA 30,1, S. 189.

2.2.3. Zusammenfassung des Theologischen Programmes zum Zeitpunkt der Einweihung

Das Theologische Programm zum Zeitpunkt der Einweihung kann wie folgt beschrieben werden: Die heilige Kirche als Gemeinschaft der Heiligen ist streng hierarchisch gegliedert und in Geschichte und Tradition des Volkes eingebunden. Sie sieht sich selber als *Ecclesia triumphans*, zwar zum Irdischen gehörig, aber doch schon Teil des Himmlischen. Die Kirche ist insofern Abbild der Welt, als sie Freuden und Leiden des irdischen Lebens nicht gering schätzt und beides zu Gott hinträgt, da Teil des Lebens; gleichzeitig zeichnet sie diesen Lebensweg der Gemeinde in Anlehnung an die Völkerwallfahrt zum Zion[171] als Weg von der postlapsarischen Welt zum Neuen Jerusalem, in welchem Jesus Christus in allen Bereichen die volle Königsherrschaft übernehmen wird. Dabei betont die christliche Gemeinde, dass sie eine Gemeinschaft der Lebenden und der Toten in Christus und mit Christus ist. Die Kirche ist der Ort, an dem sie Jesus Christus im Sakrament des Abendmahls begegnet und Gott ihr Gebets- und Lobopfer darbringt.

2.3. „Purifizierung": die Grundsanierung 1966

2.3.1. Veränderungen und Maßnahmen

Unter Pfarrer Ulrich Berendes (1959–1967) wurde eine Grundsanierung vorgenommen. Im Äußeren wurden zwei Epitaphe, die dem abgebrochenen Vorgängerbau entnommen und an der östlichen Außenwand der Chorapsis angebracht wurden[172],

---

171 Jes 2,1–5.
172 Vgl. „*Bericht zur Renovierung und Wiedererrichtung zweier Epitaphe in Höchstädt/Ofr.*" des Bildhauers Thomas Leithe-

abgenommen und vergraben[173], wobei eines von ihnen beschädigt wurde. Im Innenraum wurde unter anderem die gesamte Kirche weiß gestrichen, das Braun der Prinzipalstücke Altar, Kanzel, Taufstein sowie der Orgel durch Altweiß ersetzt. Gleichzeitig wurde das Kreuz unter der Westempore aufgehängt, dafür beide Vortragekreuze, die neben dem Triumphbogen unter den Emporen standen, in die Nordostecke des Kirchenschiffes verbracht; sie werden seither auch noch als Aufbewahrungsort für die Klingelbeutel verwendet. Schließlich wurden alle bunten Fenster durch weiße ersetzt[174]. Gleichzeitig wurde das Christusfenster vom Hauptfenster zum Ostfenster der Chorapsis gegenüber dem Eingang zur Sakristei versetzt; schöne Fenster sollen sichtbar sein und nicht versteckt[175]. Ziel war nicht eine theologische Neuorientierung, sondern der verständliche Wunsch nach einem freundlicheren Gesicht[176]. Ein theologisches Konzept scheint nicht nachweisbar und nicht erkennbar. Aufgegeben wurden vor allem die trinitarischen Beziehungen; der Altar erhält nun ein stärkeres christologisches Gewicht, da er nun vor allem Ort des heiligen Sakramentes des Abendmahls

---

rer (Breitengüßbach) vom 2. November 1993, S. 1; Ortsakte BLfD.

173 Vgl. *„Bericht zur Renovierung und Wiedererrichtung zweier Epitaphe in Höchstädt/Ofr."*, S. 1.

174 Es sind nur noch drei Bruchstücke der originalen Fenster bekannt: Zwei davon, Teile der Verglasung der Doppelfenster im Erdgeschoss des Kirchenschiffes, befinden sich in der Obhut des Schlossmuseums Höchstädt i.F., ein Bruchstück, das aus einem Hauptfenster stammte, in der der Evangelisch-Lutherischen Kirchengemeinde.

175 Freundliche Auskunft Pfr. Matthias G. Ahnert, 26. Februar 2002.

176 Vgl. Ahnert 1998, S. 144.

wird. Das Altarbild, das die Himmelfahrt Christi darstellt, verstärkt das christologische Moment. Insofern ist es folgerichtig, dass die trinitarische Aussage der Prinzipalien in sich zusammenbricht (**Zeichnung 4**). Der Weg zum Heil in Zeit und Ewigkeit ist kaum noch erkennbar.

Zeichnung 4

Erschwerend kommt noch dazu, dass durch Entfernung der Imitation eines Sandsteinschichtmauerwerkes der Triumphbogen sich zum Chorbogen veränderte, der 2001 eher wie ein merkwürdiges Loch in der Wand wirkt. Zwar existiert immer noch eine räumliche Trennung zwischen Chor, also Raum Gottes und der Handlungen, in denen sich Gott seiner Gemeinde nähert *("Sakramentsfeier, der Beichthandlung, Konfirmation, Trauung"*[177]*)*, und dem Kirchenschiff als Gemeinderaum. Die Aufhebung der heilsgeschichtlichen Interpretation durch Entfernung des Triumphbogens hat nicht zur Folge, dass Gott in die Gemeinde hingetragen oder gar sein Raum mit dem der Gemeinde vereinigt wird. Eine Trennung wird betont. Im besten Sinne wird die Chorapsis zum Allerheiligsten, im übelsten Sinne zum Raum der Geistlichkeit. Der Chorbogen bezeichnet die hier nicht vorhandene Chor-

---

177 Meurer, S. 114.

schranke einer mittelalterlichen Kirche. Genau diese Trennung zwischen Gemeinde und Gott, die durch die Unterscheidung von Laien und Klerus ihren Ausdruck findet, wollten die Verantwortlichen im 19. Jahrhundert verhindern. Sie betonen, dass ein Unterschied zur mittelalterlichen Gotik eben sei, dass *„falsche Lehre und schriftwidriger Mißbrauch"*[178] abgelegt wurden, und dazu gehörten auch der Lettner und die Chorschranke. Daneben wurde es versäumt, die Kirche und ihre Farbfassung zu dokumentieren. Das Pfarrarchiv ist im Besitz von Diapositiven, die die Sanierung dokumentieren[179]. Der alte Zustand war einer Dokumentation nicht wert, und er löste 2001 bei verschiedenen Gemeindegliedern noch Entsetzen über die Dunkelheit aus, die er subjektiv wohl auch ausstrahlte[180]. Daher ist der Verfasser der Ansicht, dass damit hier wieder ein Traditionsbruch erfolgte, wenn auch nicht so scharf wie 1887.

2.3.2. *Diskussion*

Die Grundsanierung 1966 ließ entgegen damaligen Gepflogenheiten den neugotischen Bestand weitgehend unangetastet. Wichtigster Verlust sind neben der Ausmalung vor allem die farblich gefassten Fenster. Das deutet auf eine grundsätzliche Zufriedenheit, vielleicht sogar Verbundenheit mit dem vorhandenen Kirchenbau und seiner Ausstattung hin[181].

---

178 Meurer, S. 121.
179 PfA Höchstädt, Sammlung Ulrich Berendes, ohne Nummer.
180 So Augenzeugenberichte, die der Verfasser 2001 erbat.
181 Die unmittelbar nachfolgende Generation vieler Zeitzeugen, ja Spender für den Kirchenbau, dürfte eine lebendige Erinnerung an diese Personen und ihre Geschichten besessen haben, so dass die emotionale Verbundenheit durchaus tiefer gewesen sein könnte. Sollte das zutreffen, so wäre die Rücksichtnahme

Auch scheint eine theologische Diskussion zu fehlen; in den öffentlichen Dokumenten fehlt sie vollständig.

Die wesentlichen Argumente: mehr Licht und ein freundlicheres Erscheinungsbild[182]; schöne Fenster, die ohne Suchen sichtbar und nicht versteckt sind[183]. Diese Argumente scheinen emotionaler Art zu sein und dem damaligen Zeitgeschmack geschuldet. Sie erscheinen als Ausdruck eines Lebensgefühls, nicht einer bewussten, faktengeleiteten Entscheidung. Insofern erscheint es folgerichtig, dass nicht nur die Verschiebungen, wie der Verfasser aus seinen 2001 geführten Gesprächen erfuhr, unbemerkt blieben. Diese Aussagen – auch wenn es sich nur um die Grundaussagen des Eisenacher Regulatives oder symbolische Bedeutungen der Zahlen handelt – erscheinen auch Gesprächspartner mit höherer Bildung fremd. Es ist schlicht kein Teil des Lebensgefühls.

2.4. Entwicklungen bis zur Jahrtausendwende

2.4.1. Veränderungen und Maßnahmen

Im Außenbau kam es zu kleineren Maßnahmen. 1993 wurden die während der Grundsanierung abgenommenen und vergrabenen Epitaphe geborgen und restauriert. Dabei wurden auch die Abbrüche des beschädigten Epitaphes repariert. Sie fanden dann ihren neuen Platz an der Südseite der Fassade[184],

---

    auf diese Verbundenheit Pfarrer Ulrich Berendes positiv anzuerkennen.
182 Vgl. Ahnert 1998, S. 144.
183 Freundliche Auskunft Pfr. Matthias G. Ahnert, 26. Februar 2002.
184 Vgl. *„Bericht zur Renovierung und Wiedererrichtung zweier Epitaphe in Höchstädt/Ofr."*, S. 1.

wo 1992 bereits zwei Gruftplatten angebracht wurden[185]. 1989 wurde das nördliche[186], 1996 bis 1997 das östliche und südliche Teilstück der Kirchhofeinfriedung restauriert; fehlende Teile des Eisenzaunes wurden entsprechend dem bauzeitlichen Zustand ergänzt[187].

Im Innenraum kamen im Laufe der Zeit weitere Verschiebungen theologischer Aussagen des Raumkonzeptes dazu. Die Anschaffung des Ambos nach 1970 hatte zur Folge, dass der Hochaltar nicht mehr auch Ort der Verkündigung ist, sondern nur noch Ort des Sakraments des Abendmahls, da die Lesungen nicht mehr vom Altar, sondern vom Ambo aus erfolgen. Der Ambo selbst besitzt theologische Aussagen: Vorne zur Gemeinde hin ist ein Schwert mit der Spitze zum Boden erkennbar, die Buchfläche ist mit dem bekannten Vers umrandet *„Dein Wort ist meines Fußes Leuchte und ein Licht auf meinem Wege"*[188]. Die Aussagen – Schärfe des Wortes Gottes (Schwert) und Wegweiser für das Leben (Psalmwort) – beziehen sich zu allererst nur auf den liturgischen Gebrauch des Ambos und korrespondieren nicht erkennbar mit den anderen Prinzipalstücken wie Hochaltar oder Kanzel. Mit der Anschaffung eines Leuchters für die Osterkerze wurde ein neues christologisches Moment eingeführt, der den

---

185 Vgl. Akt *„Anbringung von II. Gruftplatten: Plan mit Fotos"* [ohne Beschrieb]; Ortsakte BLfD.

186 Vgl. Glässel, S[iegfried] G.: *„Kirchhofeinfriedung an der Evang.-Luth. Kirche in Höchstädt, Landkreis Wunsiedel. Festgestellter Zustand (Dokumentation) von Dezember 1989, Teilstück nord"*, S. 2; Ortsakte BLfD.

187 Vgl. Glässel, S[iegfried] G.: „Kirchhofeinfriedung an der Evang.-Luth. Kirche in Höchstädt, Landkreis Wunsiedel. Festgestellter Zustand (Dokumentation) von Mai 1996, Teilstück ost und süd"., S. 2; Ortsakte BLfD.

188 Ps 119,105 (LUT 1956/1964).

Altar in seiner christologischen Zentralaussage, die er seit der letzten Grundsanierung besitzt, weiter schwächte. Der Leuchter (während der Vakanz 1988/89 mit Unterstützung des Pfarrverwesers Erwin Pfaff, damals Pfarrer zu Thierstein, angeschafft[189]) wurde allein nach ästhetischen Gesichtspunkten ausgewählt.

Später wurde unter Pfarrer Matthias G. Ahnert (1989–2002) noch ein Festtagsvortragekreuz angeschafft, das seinen Standort zwischen Sakristei und Hochaltar hat. Der Standort wirkt ziemlich unvermittelt und erweckt den Eindruck, das Kreuz sei hinter dem Hochaltar angebracht.

Gleichzeitig wurden in der Sakristei Bilder aller Pfarrer, die in Höchstädt dienten und von denen Abbildungen oder Zeichnungen bekannt sind, aufgehängt. Dem Pfarrer, der die Sakristei von der Chorapsis aus betritt, *„wird klar: Du bist nicht der erste – und auch nicht der letzte Pfarrer! Pfarrer kommen und gehen, aber die Gemeinde bleibt!"*[190] Dem Christusfenster schreibt der damalige Pfarramtsführer auch eine neue Bedeutung zu: *„Wenn der Pfarrer dann zum Gottesdienst aus der Sakristei kommt, dann fällt sein Blick auf den Herrn Christus im Glasfenster mit seiner Einladung: ‚Ich bin der Weg und die Wahrheit und das Leben' – und was Du zu predigen hast, das sag' allein in meinem Namen!"*[191] Matthias G. Ahnert verbindet nun das Christusfenster am neuen Ort im Ostfenster der Chorapsis mit der *„Ahnengalerie"*[192]

---

189 freundliche Freundliche Auskunft Renate Wagner, Höchstädt i.F., damals Kirchenvorsteherin, 25. Mai 2002.
190 Ahnert, Matthias G. 2002a: In der Kirche grüßt ein neues Gesicht – aus der Vergangenheit. in: Kirchennachrichten Peter und Paul Höchstädt, Pfingsten und Trinitatiszeit 2002, o.S. [S. 12].
191 Ahnert 2002a, o.S. [S. 12].
192 Ahnert 2002a, o.S. [S. 12].

über den Kirchgarteneingang der Sakristei zu einer persönlichen Besinnung des amtierenden Pfarrers.

Als Letztes wurde 2001 eine Menora angeschafft. Diese besteht aus golden lackiertem Baustahl. Stand 2001 wurde dieser siebenarmige Leuchter an zwei Orten aufgestellt: Der eine Standort ist der Raum seitlich der Evangeliumsseite des Altars; der zweite ist am Anfang des Kirchenschiffes, direkt unter der Orgelempore. Eine besondere Tradition oder Regel, nach der die Menora am Hochaltar oder unter der Orgelempore aufgestellt wird, scheint nicht nachweisbar zu sein. Über den Aufstellungsort wird wohl situativ je nach Gottesdienstbezug neu entschieden.

2.4.2. Diskussion

Die weitere Entwicklung ist ausschließlich durch die Ergänzung der Kircheneinrichtung geprägt. Der Ambo ist nicht nur praktikabel, bietet er doch eine Ablagefläche für das Lektionar; auch können weitere Unterlagen als Vorbereitung dort zur zeitnahen Nutzung abgelegt werden. Bei einer Lesung vom Hochaltar aus musste das Lektionar oder Ähnliches in den Händen gehalten werden. Vielmehr erfüllt der Ambo die Sehnsucht nach einer größeren Nähe des liturgisch Handelnden zur Gemeinde, die mit ihm Gottesdienst feiert[193].

---

193 Vgl. Damblon, Albert: Ab-kanzeln gilt nicht. Zur Geschichte und Wirkung christlicher Predigtorte. LIT: Münster et al. 2003, S. 73–74. Albert Damblon setzt seinen Schwerpunkt seiner Ausführungen auf die römisch-katholische Liturgie, da hier verbindliche Aussagen kirchenleitenden Handelns vorhanden sind. Aus eigener Anschauung kennt der Verfasser fast identische Aussagen evangelischer Geistlicher. Für Arnold Rickert, der einen Ambo noch allein im Kontext altchristlicher Basiliken betrachtet (vgl. S. 237), ist ein *„Kennzeichen heuti-*

Ähnliches gilt für die Menora. Hier kommt oft die Verbundenheit mit dem Volk Gottes, dem Judentum, das sie als Ziel der Zusagen Gottes ansieht, zum Tragen[194]. Beide praktizierten Orte, an denen die Menora aufgestellt wird, haben ihre eigenen Herausforderungen. Für den Raum seitlich der Evangeliumsseite des Hochaltars taucht die Frage auf, welchen Moment die Menora, Zeichen des Auszugs[195], im christlichen Sinne darstellen kann; denn sie ist ja eben kein genuin christliches Symbol. Matthias G. Ahnert sieht in der Menora ein Symbol für den Alten Bund, in der Osterkerze eines für den Neuen Bund[196].

Über die liturgischen Grundlagen kann heute gestritten werden. Aus der liturgischen Tradition heraus ist die Bemerkung zu machen, dass die Osterkerze nicht allein ein Symbol für den Neuen Bund in Christus ist, sondern Christus selbst symbolisiert[197]. Genauso ist die Menora nicht allein

---

gen Kirchenbaus": „*Die Kanzel rückt nah und niedrig an die Gemeinde heran*" (Rickert, S. 244).
- 194 Vgl. Lubahn, Erich: Judenmission in heilsgeschichtlicher Sicht. In: Kremers, Heinz/Lubahn, Erich (Hrsg.): Mission an Israel in heilsgeschichtlicher Sicht. Neukirchener: Neukirchen-Vluyn 1985, S. 92–103, S. 102–103.
- 195 Ex 25,31–39; als Beispiel für diese Tradierung außerhalb der theologischen Fachliteratur vgl. Schmidt, Mathias R./Schmidt, Tanja-Gabriele: Rettet die Nacht! Die unterschätzte Kraft der Dunkelheit – Die Folgen der Lichtverschmutzung für Mensch und Natur. Riemann: München 2016, S. 97–98.
- 196 Freundliche Auskunft Matthias G. Ahnert, Höchstädt i.F., 26. Februar 2002.
- 197 Vgl. Fechtner, Kristian: Kerze. In: Betz, Hans Dieter (Hrsg.): Religion in Geschichte und Gegenwart, Bd. 4., 4., völlig neu bearb. Aufl. Mohr Siebeck: Tübingen 2001, col. 938–939, col. 938 i.V. mit Joh 8,12; vgl. Fielhauer, Hannelore: Die Ker-

ein Symbol für den Alten Bund, sondern das Entzünden der Menora zeigt bereits das Gekommensein des Messias an[198] – abgesehen von den Implikationen, die sie durch Position und Bedeutung der Menora im jüdischen Kontext anbietet.

Die Aufstellung am Anfang des Kirchenschiffes, direkt unter der Orgelempore, erscheint im Sinne der liturgischen Tradition, auf die sich die Regelwerke und Regulative berufen, legitim, denn dadurch wird der Lebensweg eines Christen zum Weg unserer Heilsgeschichte. Diesen Weg zeichnen vor allem die *„Allgemein gültigen Regeln"* nach[199]. Diese Interpretation sowie auch der Standort finden viele Vorbilder, es sei hier nur an die romanische Menora im Dom St. Blasii zu Braunschweig erinnert, welche dort am Chorbogen hinter dem Grab Heinrichs des Löwen und seiner Gattin Matilda Plantagenêt steht.

Für Matthias G. Ahnert ist die neue Position des Christusfensters der Ausgangspunkt für eine Ermahnung Christi. Er verbindet das Christusfenster mit der Ahnengalerie in der Sakristei zu einer persönlichen Besinnung des amtierenden Pfarrers, die die Einordnung seines Wirkens in die Handlungsabfolge die vorangegangenen Pfarrer einfordert und dies für die Zukunft fortschreibt, sowie ein Handeln in Sinne Christi einfordert. Diese Interpretation ist nicht nur im praktischen Vollzug nach eigener Erfahrung des Verfassers ein kaum mit Leben auszufüllendes Konstrukt, da das Fenster aufgrund der baulichen Gegebenheiten einfach viel zu hoch hängt und der Blick bewusst nach oben gehoben

---

ze. Ein Lichtblick der Kulturgeschichte. Schendl: Wien 1987, S. 33–34.
198 Vgl. Loewenthal, Elena: Judentum. Scherz: Bern et al. 1998, S. 124–125.
199 Siehe Ausführungen oben unter 2.1.

werden muss; bei natürlicher Körperhaltung übersieht der amtierende Pfarrer also schlicht und ergreifend die Mahnung Christi. Entscheidender ist, dass auch diese Interpretation wie schon das Bildprogramm des Ambos isoliert neben dem Theologischen Programm der Kirche existiert und als Adressat auch nur den amtierenden Pfarrer anspricht. Insofern muss konstatiert werden, dass zwar aus der Not eine Tugend gemacht wurde, eine befriedigende Lösung nach Überzeugung des Verfassers hier nicht bestätigt werden kann, da die Einbindung in ein theologisch begründetes Gesamtkonzept nicht nachweisbar ist und wohl auch nicht besteht.

Die Gemeinsamkeit aller Ergänzungen der Kircheneinrichtung liegt bei den handelnden Personen. Jede dieser Personen handelt aus einem eigenen Bedürfnis heraus, verbindet jedes neue Element mit den Anforderungen und/oder Sehnsucht eigener Spiritualität und theologischer Auffassung aus. So geschieht die Anschaffung des Ambos, um dem Wunsch nach mehr Nähe zur Gottesdienstgemeinde zu entsprechen. Matthias G. Ahnert ordnet sich und sein Handeln in einen größeren Zusammenhang ein: Sei es, dass er seine Predigt an Christus ausrichtet (Christusfenster), sei es, dass er sich in die Reihe der Pfarrstelleninhaber vor und nach ihm einordnet, ohne einen entsprechenden Platz in der Geschichte offensiv einzufordern. Die Menora dokumentiert die Sehnsucht nach der Einheit mit dem Volk Israel – in welcher Intensität oder Stoßrichtung auch immer. Der entscheidende Maßstab ist die Spiritualität und der theologische Standpunkt der handelnden Person. Die Tradition, in die sich jede dieser Ergänzungen oder Änderungen einordnen sollte, ja in ihrer Gesamtaussage stützen und dadurch ein nachvollziehbares theologisches Programm entstehen lassen sollte, ist weder Ausgangspunkt der Reflexion noch Ziel des gestalterischen Handelns. Entscheidend bleibt das Individuum in seiner Ad-hoc-Situation, nicht die Gemeinschaft mit ihrer Tradition.

2.5. Entwicklungen seit der Jahrtausendwende

2.5.1. Veränderungen und Maßnahmen

Seit der Vakanz der Pfarrstelle Höchstädt i. Fichtelgebirge durch den Weggang Pfarrer Matthias G. Ahnerts im Jahre 2002[200] scheinen trotz Neubesetzungen keine neuen Ausstattungselemente hinzugefügt, Bestehendes entfernt oder Veränderungen vorgenommen worden zu sein. Der Kircheninnenraum wurde 2005 einer Renovierung unterzogen, die neben der farblichen Neufassung vor allem eine Erneuerung der Heizungsanlage und eine Ergänzung der Beleuchtung vorsah. Obwohl eine Wiederherstellung des bauzeitlichen Zustandes mit Ausnahme der Decke möglich ist[201], entschied sich die Evangelisch-Lutherische Kirchengemeinde auf Empfehlung der zuständigen landeskirchlichen Stelle in München[202] gegen den demonstrativ vorgebrachten Hinweis des Vertreters des Bayerischen Landesamtes für Denkmalpflege[203] für eine Neufassung, die *„bewusst von der bauzeitlichen Farbigkeit* [abweicht]"[204]. Für die Raumschale wurde daher ein heller Ocker-Beige-Ton in Kombination mit eisenoxydroten Architekturelementen vorgeschlagen, der Bereich der Decke im Kirchenschiff sollte alternativ grüne Architekturgliederungen erhalten und somit die damals bestehende Fassung des Kirchengestühls aufnehmen. Die Emporen sollten eine Grün-

---

200 Vgl. Ahnert, Matthias G.: Ohne Titel [Abschied]; in: Höchstädter Kirchen-Nachrichten Peter und Paul, Sommer und Herbst 2002, o.S. [S. 2].
201 Vgl. Protokoll der Ortseinsicht am 28. Juli 2004, Landratsamt Wunsiedel i. Fichtelgebirge, 30. Juli 2004, S. 1; Ortsakte BLfD.
202 Vgl. Protokoll der Ortseinsicht am 17. August 2005, S. 1.
203 Vgl. Protokoll der Ortseinsicht am 28. Juli 2004, S. 1.
204 Protokoll der Ortseinsicht am 17. August 2005, S. 1.

fassung mit hellbeige-ockerfarbigen Rücklagen erhalten[205]. Das Bayerische Landesamt für Denkmalpflege bestand auf einer Angleichung einer neuen Farbfassung *„an die Fassungssystematik der Bauzeit der Kirche"*[206]. Somit wurde *„festgelegt, dass die Decke im Kirchenschiff in Angleichung hieran gestaltet werden solle"*[207]. Hochaltar, Kanzel und Taufstein sowie der Orgelprospekt wurden in die ursprüngliche Farbfassung zurückversetzt. Die Freilegung der Originalfassung stellte *„auch keinen wesentlichen Mehraufwand gegenüber einer Neufassung nach deren Vorbild"*[208] dar.

Öffentlich zugänglich sind allein die Protokolle beim Bayerischen Landesamt für Denkmalpflege, das gewohnt fach- und sachgerecht die Kirchengemeinde beraten und die Einzelmaßnahmen der Kircheninnenraumrenovierung genehmigte. In diesen Protokollen ist kein Gespräch oder Diskussion über theologische Entscheidungen nachweisbar. Das scheint nicht verwunderlich, da die Maßnahme die Erhaltung der Bausubstanz, nicht eine Erneuerung des Theologischen Programmes, zum Ziel hatte. Es bestand von Seiten der Kirchengemeinde offensichtlich der Wunsch, den Kircheninnenraum so zu belassen, wie er ist – irgendwann muss jeder Raum neu gestrichen werden. Die im Internet öffentlich abrufbaren Fotografien zeigen auch den Zustand, den der Verfasser 2001 aufnahm[209].

---

205 Protokoll der Ortseinsicht am 17. August 2005, S. 1.
206 Protokoll der Ortseinsicht am 17. August 2005, S. 2.
207 Protokoll der Ortseinsicht am 17. August 2005, S. 2.
208 Protokoll der Ortseinsicht am 23. Juni 2005, S. 1.
209 Siehe Fotografien unter http://hoechstaedt-evangelisch.de/Kirche/ (zuletzt aufgerufen am 27. Dezember 2017); http://www.95186-hoechstaedt.de/verzeichnis/objekt.php?mandat=87839 (zuletzt aufgerufen am 27. Dezember 2017).

2.5.2. Diskussion

Der Zustand des Kirchengebäudes wurde seit der Jahrtausendwende nicht durch Veränderung der Ausstattung weiterentwickelt. Der Innenraum wurde neu gefasst. Obwohl eine Wiederherstellung des bauzeitlichen Zustandes mit Ausnahme der Decke möglich ist[210], wurde auf die Wiederherstellung der alten Farbfassung der Raumschale und der Empore dank der offensichtlich sehr nachdrücklich vertretenden Empfehlung der landeskirchlich zuständigen Stelle in München bewusst verzichtet[211].

Die Initiative zur Wiederherstellung der bauzeitlichen Farbfassung ging von der Evangelisch-Lutherischen Kirchengemeinde aus, die das zuständige Landesamt gern unterstützte. Das scheint ein deutlicher Hinweis zu sein, dass die Kirchengemeinde mit dem Zustand der Kirche zufrieden ist und diese ihren damals gelebten liturgischen Anforderungen entspricht. Die Rückkehr zur alten Farbsystematik konnte ebenso als einen Wandel im Geschmack interpretiert werden. Neugotisches ist nicht mehr hässlich und entbehrlich. Es scheint ähnlich ehrwürdig und erhaltenswert zu sein wie Bauten anderer Epochen. Dies ist jedoch eine Vermutung, die aus den Protokollen des Landesamtes ableitbar sind; da die Protokolle der Kirchenvorstandssitzungen derzeit nicht zur Verfügung stehen, bleibt eine Würdigung einer deutlich später zu erfolgenden Forschung vorbehalten.

---

210 Vgl. Protokoll der Ortseinsicht am 28. Juli 2004, S. 1.
211 Vgl. Protokoll der Ortseinsicht am 17. August 2005, S. 1.

3. Fallstudie: Evangelisch-Lutherische St.-Johannis-Kirche Wirbenz

3.1. Zeitgeschichtliche Voraussetzungen für den Neubau 1905

Das Dorf Wirbenz[212] ist eine evangelische Enklave inmitten der katholischen Oberpfalz nahe der Grenze zu Franken[213]. Im Gegensatz zu vielen Ortschaften im Altlandkreis Kemnath konnte Wirbenz auch während des Dreißigjährigen Krieges (1618–1648) durch markgräflich-schwedische Truppen gehalten werden[214]. Damit blieb es nach den Bestimmungen des Westfälischen Friedens 1648 evangelisch, da Wirbenz im Normaljahr 1624 in Gegensatz zur näheren Umgebung von evangelischen Truppen gehalten wurde.

Ein Dorfbrand im Jahre 1899 verwüstete Wirbenz schwer; auch die Dorfkirche, errichtet um 1450[215], wurde schwer beschädigt[216]. Daher entschloss man sich zum Bau einer etwa doppelt so großen Kirche, die vom königlich-bayerischen Baubeamten Anding, für den in erster Linie eisenbahntechnische Bauten, vor allem Empfangsgebäude, nachweisbar sind[217], entworfen wurde[218]. Im Gegensatz zur Evangelisch-Lutherischen Peter-und-Paul-Kirche Höchstädt i.

---

212 Gemeinde Speichersdorf, Landkreis Bayreuth.
213 Vgl. Grafe, Dirk: Eine feste Burg ist unser Gott. Die evangelisch-lutherische St.-Johannis-Kirche zu Wirbenz und ihre Tochterkirchen. EK Service: Saarbrücken 2007, S. 6.
214 Vgl. Grafe, S. 6.
215 Vgl. Grafe, S. 6.
216 Vgl. Grafe, S. 6.
217 Vgl. Grafe, S. 9.
218 Vgl. Grafe, S. 9.

Fichtelgebirge, bei der die staatliche Baulast abgelöst wurde, bestand diese zum Zeitpunkt des Neubaus. Somit steht hinter dieser Kirche Gesellschaftsbild und Gesellschaftskritik des Königreiches Bayern als Bauherr. Damit war die Evangelisch-Lutherische Kirchengemeinde Wirbenz nur bedingt in der Lage, ihre Vorstellungen einzubringen.

3.2. Das Theologische Programm zum Zeitpunkt der Einweihung 1905

Wie im Fallbeispiel Höchstädt i.F. existieren für die Evangelisch-Lutherische St.-Johannis-Kirche[219] in Wirbenz nur wenige Fotografien, die die ursprüngliche Farbfassung abbilden; diese zeigen als Motiv leider nur die Chorapsis. Die kunsthistorische Untersuchung[220] ergab, dass der Kirchenbau sich weitgehend in seinem ursprünglichen Zustand präsentiert. Wichtig für die Beschreibung eines Theologischen Programmes ist, dass die zum Teil hochbarocke Einrichtung, oft mit neobarocken Ergänzungen[221], fast vollständig im Ursprungszustand erhalten, und nur die Farbfassung durch die letzte Grundsanierung 1965–1967 verloren gegangen ist. Insofern scheint eine Rekonstruktion der Kirche von 1905, soweit für die Entwicklung eines Theologischen Programmes erforderlich, mehr als nur möglich.

Die Regulative schreiben als Grundform ein längliches Viereck vor[222]. Auch in Wirbenz scheint eine Grundkon-

---

219 Johannes dem Täufer gewidmet.
220 Freundliche Auskunft Michael Andreas Schmid mittels seines Manuskriptes: Die evangelische Kirche von Wirbenz – eine Würdigung aus kunsthistorischer Sicht (2006, unveröffentlicht).
221 Vgl. Grafe, S. 22 f.; S. 26.
222 Vgl. Eisenacher Regulativ, Nr. 2; vgl. Langemaack, S. 272; „Allgemein gültige Regeln" 1876, Pkt. c) vgl. Langemaack, S. 275.

stante für die Interpretation festzustehen: Die Kirche ist ein Abbild der Welt[223]. Leitend bleibt das Prinzip: Die heilige Kirche als Gemeinschaft der Heiligen befindet sich im Jetzt der gefallenen Welt und geht auf dem Weg in die Erlösung zu Jesus Christus.

Der Kirchgarten, auf dem auch die Kirche errichtet ist, stellt den geographisch markanten Höhepunkt im Ortsbild dar. Er wird im Norden und im Westen durch hohe Stützmauern abgegrenzt – auf der nördlichen zur Hauptstraße hin sitzend – und nach hin Süden nur durch Pfarrhaus und Gemeindehaus leicht angestützt, um dann in den Weiten des Oberpfälzer Grenzlandes zu liegen. Es gibt keinen Zweifel: Die Kirche liegt am höchsten Punkt, den es zu erklimmen gilt, der nur durch den Kunstgriff einer mächtigen Stützmauer beschränkbar wurde. Die St.-Johannis-Kirche wacht über Wirbenz, beherrscht das Ortsbild. Dazu ordnet sie das Landschaftsbild, indem sie sich zwar unaufdringlich, weil scheinbar „natürlich" darstellt, aber immer zum Mittelpunkt und Ausgangspunkt einer Betrachtung der Landschaft wird, die nur durch bewusste Abwendung vom Kirchenbau und damit vom Ort aufzuheben ist. Eine solche bewusste Abwendung hat auch immer eine Abkehr von Wirbenz zur Folge; damit wird jegliches offenbar Menschliche ausgeblendet und die Natur als solche und das in ihr vermutete „ursprünglich Natürliche" zu erkennen gesucht. Wirbenz zeigt fast beispielhaft das Gesellschaftsmodell der Dogmatischen Neugotik, welche sich im Kircheninnern bestätigen wird: Menschliche Gemeinschaft hat ihre ordnende Funktion in der heiligen Kirche; wer sich dieser entziehen will, schließt sich selbst aus der Gemeinschaft aus und bleibt im diffusen Naturbild gefangen. Die Evangelisch-Lutherische St.-Johannis-Kirche

---

223 Für ausführliche Begründungen und Belege siehe Kapitel 2.2.

demonstriert ihren Anspruch auf eine zentrale und gestaltende Rolle im Ort und in der Region im ersten Moment zurückhaltend und dennoch unmissverständlich[224].

Dort, wo die geographischen Voraussetzungen eine natürliche Abgrenzung selbst durch gestalterische Eingriffe, wie die Vergrößerung des Bauplatzes durch Aufschüttung des Kirchhügels, für das das Abbruchgut des Vorgängerbaus genutzt wurde[225], und die damit notwendige Erhöhung der Stützmauer, unmöglich machte, wird der Kirchgarten vom Nachbargrundstück Wirbenz 43 durch einen gusseisernen, neugotischen Zaun abgegrenzt. Dieser ist sehr einfach gehalten. Allein Kreise ohne verbindende Ringe sind im Band unterhalb der Spitzen erkennbar[226]. Vergleiche mit ähnlichen

---

224 Anne Heinig weist auf die *„Feststellung der zentralen Macht von Christentum und Kirche als Ziel aller Lebensäußerungen und die Veranschaulichung der* Würde *des Gotteshauses als sakraler Ort"* (Heinig, S. 48–49) als wesentliches Anliegen der Autoren der praktischen Handbücher, darunter auch Moritz Meurer, hin.

225 Vgl. Grafe, S. 6.

226 Der Abschluss des Bandes mit Vierpässen, wie ihn alte Fotografien nahezulegen scheinen, ist zurzeit nicht zweifelsfrei zu belegen; werden jedoch vergleichbare Beispiele dieser meist halbindustriell hergestellten Zäune zu Rate gezogen, so fällt auf, dass bei Zäunen, die im Band lediglich einen Kreis ohne Inhalt (z. B. eben einem Vierpass) besitzen, die Kreise untercinander und mit dem Zaunpfahl durch horizontale Ringe festgehalten werden (z. B. Zaun gegenüber Grundstück Bamberg, Schiffsbauplatz 4a, Zustand 2006). Lediglich bei der Grundstückseinfriedung Bayreuth, Leopoldstr. 9, dessen Gebäude sich 2006 vollkommen als Ziegelbau ohne schmückende Werksteinelemente wie Eckquader präsentiert, ist ein ähnlicher Zaun zu beobachten, der sich allerdings in denkbar schlechtem Zustand, zum Teil stark überwuchert, befindet.

Anlagen der Dogmatischen Neugotik[227] zeigen: Das Tor beziehungsweise der Zaun bildet nicht nur eine Grenzlinie von Eigentumsrechten, sondern grenzt eben auch das Profane, also quasi Irdische, vom Sakralen, also Heiligen, ab.

Hinter dem Tor beginnt ein Weg mit leichtem Anstieg. Die Auffahrt und die Lage zeigen: Der Weg zur Kirche ist mit einem Aufstieg verbunden. Auch hier ist offensichtlich der Jerusalemer Tempel[228] mit Tempelbild als Bild eines Heiligen Berges zu finden. Die Erinnerung an die Völkerwanderung zum Zion[229] als besonderen Aufstieg drängt sich auch hier auf. Vor uns zeigt sich das Hauptportal, über dem sich aufgrund der geographischen Gegebenheiten der Turm fast unüberschaubar in den Himmel reckt. Daneben sind zwei weitere Nebenportale. Das zentrale Hauptportal in der Mitte zeigt im Tympanon Jesus Christus, der thronend über den Wolken und damit im Himmel (der theologisch nicht örtlich zu fassen ist) herrscht. Leider ist hier die Farbfassung verloren[230]; Franz Friedrich Wilhelm Gruber beschreibt jedoch das Tympanon[231]. Demnach

---

    Andererseits sind Beispiele, v. a. bei Grundstücken im kirchlichen Besitz, bekannt, bei denen das Band mit Vierpassen versehen ist (z. B. Höchstädt). Ob die Wahl dieses Zaunes eine bewusste theologische Entscheidung zu Grundlage hatte oder einfach das Ergebnis eines zum Schluss zu finanzintensiven Vorhabens war, kann zurzeit nicht geklärt werden.

227 Z.B. Evangelisch-Lutherische Peter-und-Paul-Kirche Höchstädt i. Fichtelgebirge.
228 Vgl. „Allgemein gültige Regeln" 1876, Pkt. c) vgl. Langemaack, S. 275.
229 Jes 2,1–5.
230 Vgl. Grafe, S. 8.
231 Vgl, Gruber, [Franz Friedrich Wilhelm]: Predigt bei der Einweihung der neuerbauten protestantischen Kirche in Wirbenz am 4. Juni 1905. J.M. Weyh: Kemnath 1905, S. 7.

stellt das Buch, das Christus in seiner linken Hand hält, die Heilige Schrift dar, die bezeugt: *"Ich bin das A und das O, der Anfang und das Ende"*[232]. Dieses Schriftwort wird im Fenster des ersten Turmgeschosses aufgenommen, in dessen Mitte sich das Christogramm, seitlich von den griechischen Buchstaben Alpha („A") und Omega („O") umgeben, befindet. Im Tor sind die vier Scharniere als Rosenstöcke ausgestaltet, die an jeder Seite elf fünfblättrige Rosen tragen und an der Spitze des Stockes wieder von einer Rose bekrönt werden, so dass jeder Rosenstock 23 Rosen trägt, was in der Quersumme wieder FÜNF ergibt. Die Rosen erinnern an die Wahrsagung des Propheten Jesaja, der Messias werde vom Hause Davids stammen, nämlich aus dem Stamm Isais, dem Vater Davids, und sein Friedensreich errichten[233]. Die fünfblättrigen Rosen erinnern aber auch an eine Frau, deren historische Aufgabe es war, diesen Ros, Gottes Sohn und Messias, von Gott zu empfangen und aus sich entspringen zu lassen: Maria[234]. Die Zahl FÜNF ist die Zahl, die für die Mutter Jesu steht[235], die im Protestantismus zur Zahl des Antichristen wird. Insofern ist die St.-Johannis-Kirche ein typisches Beispiel dafür, dass die Zahl FÜNF bewusst zurückhaltend angewendet wird: als

---

232 Apk 21,6 (LUT 2017).
233 Jes 11,1–16.
234 Vgl. das Weihnachtslied: „Es ist ein Ros entsprungen" (Text: Trier 1587/88): Strophe 2 beschreibt unmissverständlich: *"Das Blümlein, das ich meine, / davon Jesaja sagt, / hat uns gebracht allein, / Marie, die reine Magd; / aus Gottes ew'gen Rat / hat sie ein Kind geboren, / welches uns selig macht"* [EG (BY) 30,2]; Evangelisches Gesangbuch. Antwort finden in alten und neuen Liedern, in Worten zum Nachdenken und Beten. Ausgabe für die Evangelisch-Lutherischen Kirchen in Bayern und Thüringen. München: Evang. Presseverband für Bayern e. V. 1994.
235 Vgl. Kapitel 2.2.2.3.

Rose, Symbol für die Wurzel Isais, der Erfüllung der Prophezeiung, Beginn der Königsherrschaft Christi, wie auch die Verse *„Es ist ein Ros entsprungen, / aus einer Wurzel zart, / wie uns die Alten sungen, / von Jesse war die Art / und hat ein Blümlein bracht / mitten im kalten Winter / wohl zu der halben Nacht"*[236] andeuten.

Dennoch sind die vier Rosenstöcke wahrscheinlich nicht nur einfach eine Ausgestaltung der Scharniere. Denn die Türflügel sind an der oberen und unteren Flügelkante durch vier Kreuze abgeschlossen. Hier wird deutlich: Die Wurzel Isais ist dem Irdischen zugeordnet, Maria gehört zum irdischen Bereich[237].

Das Tor selbst ist eine schmal wirkende, zweiflügelige Tür. Auch in Wirbenz fanden die *„Allgemein gültigen Regeln"* Anwendung, die eine zweiteilige Tür vorschreiben, bei der jeder Türflügel ein Testament symbolisieren und schmal sein soll[238]. Ebenso wurden die Regularien zumindest nicht konsequent beachtet. Die Vorschrift, dass vor der Tür mehrere Stufen hinaufführen müssen[239], wurde nicht umgesetzt. Das Bodenniveau des Kirchenschiffes bleibt gleich.

Trotzdem wird deutlich: Wir stehen vor der Himmelspforte. Und das bestätigt auch ein Blick auf die Maßwerke der Vorhallen zum Kirchenschiff – mehr sind die Räume hinter den Nebenportalen architektonisch nicht – sowie der Fenster des ersten Joches, der Orgelempore: In jedem Spitzbogen ist

---

236 Es ist ein Ros entsprungen, Strophe 1 [EG (BY) 30,2].
237 Hier scheint eine bewusste Abgrenzung von der vermutlich erlebten Marienfrömmigkeit des katholischen Umlandes vorzuliegen.
238 Vgl. „Allgemein gültige Regeln" 1876, Pkt. p) vgl. Langemaack, S. 275.
239 Vgl. „Allgemein gültige Regeln" 1876, Pkt. p) vgl. Langemaack, S. 275.

ein Dreipass zu finden. Die Zahl DREI ist ein Symbol für das göttliche Prinzip, im christlich-jüdischen Kulturraum für Gott selbst. Im christlichen symbolisiert es den dreieinigen Gott[240]. Der Blick auf das Hauptportal verrät: Hinter der irdischen Pforte ist der Raum Gottes. Bevor wir jedoch ins Neue Jerusalem gehen, müssen wir dieses Leben leben. Auch in Wirbenz ist diese Feststellung neutral gemeint. Das Leben bleibt dem Neuen Jerusalem vorgelagert, so wie der Turm samt Vorhallen dem Schiff vorgebaut ist. Deshalb scheint es nur konsequent, dass das Flotow-Epitaph in der als herrschaftliches Treppenhaus ausgebauten Turmhalle aufgehängt ist – und das von Anfang an. Ähnliches gilt für die Muffel-Grabdenkmäler in den Vorhallen[241].

Es gehört zu den Besonderheiten der Wirbenzer Pfarrkirche, dass das Hauptportal nicht in die Kirche führt, sondern in ein Treppenhaus, das der einzige Zugang für die Orgelempore ist[242]. So gehen wir durch die Nebenportale in die Kirche. Die Portale sind, wie oben erwähnt, einflügelig ausgeführt und besitzen im Tympanon keinen Schmuck. In der südlichen Vorhalle, also zur Rechten des Altars, hängt der Grabstein des schwedischen Obristen Muffel, in der nördlichen Vorhalle, also zur Linken des Altars, der seiner Frau. Wir durchschreiten also die Pforte des Todes. Vor uns sind drei Stufen, dann wieder ist eine Tür, jetzt zweiflügelig. Jeweils gegenüber dem Grabstein, aber noch vor den Stufen lassen Fenster Licht in den Raum hinein, der dadurch hell wirkt. Das Maßwerk der Fenster zeigt wieder einen Dreipass. Die Vorhallen sind als

---

240 Vgl. Meyer/Suntrup, col. 214–331.
241 Auch in Wirbenz muss aus theologischer Sicht hier die richtige Wahl des Ortes angezweifelt werden, vgl. Diskussion in 2.3.2.2.
242 Siehe dazu 3.3.1.

Pforten des Todes eine Wegstrecke, die es zurückzulegen gilt, die zwar von Gott schon beeinflusst wird, der das Licht allein durch ihn durchdringen lässt, der aber noch zum Bezirk des Irdischen gehört. Erst wenn die drei Stufen erklommen sind und das Tor aufgestoßen ist „*zur ewigen Herrlichkeit*"[243], sind wir im Bezirk des Heiligen, dem Raum Gottes[244].

Wir stoßen die zweiflügelige Tür am Ende der Vorhalle auf und blicken ins Kirchenschiff. Wir gehen einen Schritt vor. Der Weg bleibt ebenerdig – auch hier ein Verstoß gegen das Eisenacher Regulativ; die „*Demüthigung vor Gott*"[245] ent-

---

243 Gruber, S. 7.

244 Anzumerken sei, dass Vorhalle und Sakristei zwölf Eckquader hoch sind, das dahinterliegende Schiff noch einmal mit 14 Eckquadern emporragt. Die Eckquader an der Sakristei betragen 28 = 12 + 14; mögliche Deutung, wobei in Erinnerung gerufen, dass 4 x 3 = 12 ergibt: Die Trinität, in der Zahl DREI ausgedrückt, ist nicht nur ein himmlischer Vorgang oder gar polemisch ausgedrückt eine theologische Theorie, die nur der Himmel versteht, sondern, durch den Faktor VIER ausgedrückt, erdverbunden. Sie findet deshalb ihre Endgestalt in der Apostelzahl ZWÖLF. Die Zahl 14 als Multiplikation von 2 x 7 zeigt eine durch die Zahl des göttlichen Prinzips gesteigertes Sinnbild der Vollkommenheit, das ja SIEBEN symbolisiert, denn 7 = 3 + 4, also die Vereinigung von Gott (DREI) und Erde (VIER). Wenn sich Himmel und Erde vereinigen, so kann nur Vollkommenheit das Ergebnis sein. Ebenso ist 28 = 4 x 7 also eine Vollkommenheit, die bereits hier im Irdischen beginnt, da Gott Mensch geworden ist und somit seine Königsherrschaft bereits hier beginnt. Obwohl Ähnliches an der Kanzel zu beobachten ist, ist diese Interpretation nach Meinung des Verfassers nach nur zulässig, wenn weitere Beispiele nachweisbar sind.

245 „Allgemein gültige Regeln" 1876, Pkt. o) vgl. Langemaack, S. 275.

fällt in dieser Form. Wir stehen hier unter der Orgelempore, die aus Sandstein ausgeführt ist. Wieder erkennen wir die Gliederung in drei Gewölbe, deren Schlusssteine einer Betrachtung wert sind. Der Schlussstein des südlichen Gewölbes zeigt einen Pelikan, der seine Jungen füttert. In der Heraldik ist der Pelikan als solcher durch das blutende Herz zu erkennen, das sich der Pelikan lebend aus seiner Brust herausreißt, um damit seine Jungen zu füttern[246]. Damit wird Opferbereitschaft symbolisiert[247], eine Eigenschaft, die sicherlich auch Obrist Muffel, dessen Grabstein in der davorliegenden Halle aufgestellt ist, zugeschrieben wurde. Der Schlussstein des mittleren Gewölbes, das dem Hauptportal zugeordnet ist, zeigt das Osterlamm, das mit der Siegesfahne die Auferstehung Christi symbolisiert. Franz Friedrich Wilhelm Gruber betont in seiner Predigt anlässlich der Einweihung am 4. Juni 1905 die Sünde, die das Lamm auf sich nimmt[248]. Das Osterlamm ist von acht Blättern umgeben. Acht als die Multiplikation von ZWEI und VIER weist auf die Gleichzeitigkeit von göttlicher und menschlicher Natur Christi hin. Denn die Zahl ZWEI steht für das göttliche Prinzip und zugleich der Zweinaturenlehre, die eben Gleichzeitigkeit von göttlicher und menschlicher Natur Christi zum Inhalt hat. Die Zahl VIER als Zahl des irdischen Prinzips unterstreicht also die Zweinaturenlehre. Der Schlussstein des nördlichen Gewölbes zeigt einen Phönix, der nach Gruber „*Unsterblichkeit*" sym-

---

246 Siehe Galbreath, Donald L[indsay]; Jéquier, Léon: Lehrbuch der Heraldik. Battenberg: München 1978, S. 142; Gert Oswald berichtet „*In der christlichen Ikonographie stellt* [der Pelikan] *ein Bild für Christus als Heiland dar*" (Oswald, Gert: Lexikon der Heraldik. Bibliographisches Institut: Mannheim et al. 1984, S. 301).
247 Vgl. Galbreath/Jéquier, S. 285.
248 Vgl. Gruber, S. 7.

bolisieren soll[249]. Damit ordnet Gruber Christus zwei Attribute zu: Opferbereitschaft für die Menschen, die sich zu ihm bekennen und die Unsterblichkeit, die seine Königsherrschaft endgültig und unzerstörbar macht.

Die Orgelempore ruht auf zwei Säulen, deren Kapitelle von acht Weinblättern umrankt sind. Die neugotischen Fächer am zentralen Emporenbalkon bestehen aus zwei Gewölberippenfächern, die aus jeweils drei Strängen ein Netz bilden. Die Brüstung der Orgelempore ist mit drei Kreisen geschmückt, die mit jeweils drei Fischblasen versehen sind, eine mit einem Vierpass, die beiden anderen mit einem einfachen nach unten offenen Dreipass. Der Vierpass in Kreuzform repräsentiert im christlich-jüdischen Kulturkreis das Achsenkreuz der Erde. Die Zahl VIER steht für die Erde, für das irdische Prinzip[250]. Die Symbolik unterstreicht eine wesentliche Grundaussage christlichen Glaubens: Das göttliche Prinzip Gott selbst zusammen mit Sohn und Heiligem Geist ist Fundament und Säule irdischer Existenz. Doch dabei bleibt es nicht. Durch Jesus Christus verbindet sich das Göttliche mit dem Irdischen. Die Bedeutung dieser Durchdringung ist in der dreimal dreimaligen Anordnung der Kreise in der gesamten Breite der Brüstung zu sehen: Neun als Kombination 3 x 3 ist Sinnbild für eine gesteigerte Trinität.

Gehen wir einen Schritt und wir haben die Orgelempore unterquert. Doch wir müssen zur Mittelachse gehen, um den Raum optimal zu erleben.

Das Kirchenschiff besteht aus einem Zentralraum, der zwei Seitenschiffe besitzt, die in Position und Größe eindeutig dem Zentralraum untergeordnet sind, sowie aus zwei weiteren Jochen: Das östliche Joch beherbergt die Orgelempore, das

---

249 Vgl. Gruber, S. 7.
250 Vgl. Meyer/Suntrup, col. 332–402.

westliche übernimmt die Funktion eines Triumphbogens. Beiden Jochen ist gemeinsam, dass sie sich dem Zentralraum unterordnen. Das Volk Gottes kennt keine Unterscheidung nach Alter, Geschlecht und Stand, sondern tritt vielmehr gemeinsam vor dem Altar. Dort sehen wir im Hauptfenster hinter dem Hochaltar die Umrisse des Kirchenpatrons Johannes des Täufers, der, je weiter wir uns dem Altar nähern, desto mehr hinter dem Hochaltar zurücktritt; eine Beobachtung, die wohl bewusst gewollt wurde, denn Franz Friedrich Wilhelm Gruber beschreibt die Beobachtung ausdrücklich und interpretiert sie anhand der Aussage Johannes des Täufers gegenüber seinen Jüngern: *„Er muss wachsen, ich aber muss abnehmen"*[251].

Der Raum wird zweifach beleuchtet: Der kleinere Teil Licht kommt von den Seitenschiffen, der größere Teil vom Chorraum, der Raum Gottes ist. Die fünfjochigen Seitenschiffe werden durch ein dreigliedriges Maßfensterband beherrscht. In der Spitze des mittleren Maßwerkes ist ein Sechspass: als Ergebnis der Multiplikation 2 x 3 Sinnbild für eine gesteigerte Trinität. Umsäumt wird es von zwei Dreipässen, die sich vereinigt im mittleren wiederfinden. Sie ruhen auf jeweils zwei Spitzbögen, also insgesamt wieder sechs Bögen. Was in den Vorhallen begann, das wird fortgesetzt: Das Volk, das im Dunklen wohnt, weiß, woher sein Licht kommt: von Gott[252]. Das Volk, das im Dunkeln wohnt, weiß, wer das Licht durchlässt, das Grund zu Hoffnung ist: der dreieinige Gott. Insofern ist es konsequent, dem Zentralraum keine eigene natürliche Beleuchtung zu geben, sondern die offensichtliche natürliche Beleuchtung durch die Chorfenster herzustellen, in deren Mittelpunkt und Lichtkranz der Ort Gottes ist: der Hochaltar.

---

251 Joh 3,30 (LUT 2017).
252 Jes 59,9b.

Dies verdeutlicht die Aufgabe des Zentralraumes: *„In dem Schiff versammelt sich die Gemeinde, um gemeinsam ihr Gebets = und Lobopfer darzubringen, sie nahet sich zu Gott"*[253]. Wir schreiten weiter in den Raum hinein, sehen den Kirchenpatron Johannes den Täufer sich immer mehr zurücknehmen zugunsten des Hochaltars, dessen Altarbild den gekreuzigten Christus zeigt. Doch vor die Chorapsis ist noch ein schmales Joch vorgeschaltet, das die Funktion eines Triumphbogens übernimmt. Zum Triumphbogen wird das Joch theologisch durch den Ostersieg, den die Gemeinde durch Christus errungen hat. Weil die Gemeinde mit Christus gesiegt hat, weil die Gemeinde in der Feier der Sakramente in die Königsherrschaft Christi hineingenommen worden ist, wird der einzelne Gläubige selbst ein Triumphierender. Der Triumphbogen ist Zeichen der *Ecclesia triumphans*. Die Funktion wird durch Schlussstein und Kanzelfunktion übernommen. Deshalb wird der Verfasser nachfolgend dieses Joch als „Triumphbogen-Joch" bezeichnen.

Links neben uns ist die Kanzel, rechts der Kanzel schräg gegenüber in Höhe des Predigers auf der Kanzel ein Kruzifix. Sein Corpus schaut den Prediger fast auf Augenhöhe an. Vor uns drei Stufen und wir betreten die Chorapsis. Nach den erhaltenen Fotografien ist die Chorapsis der einzige Raum, der durchgehend ausgemalt war, wobei ein dunkelbraunes Band mit neugotischen Bögen imitiert werden sollte, welches aber nur bis zu den Fenstern reichte. Das Gewölbe war dagegen in der gleichen hellen Farbe wie die Wände des Kirchenschiffes gefasst. Die Gewölbestreben waren durchgehend farblich gefasst. Der Schlussstein ist rund und trägt sechs Weinblätter, in denen die Streben des neugotischen Netzgewölbes ihr Ende und

---

253 Meurer, S. 113.

ihren Halt finden[254]. Das Maßwerk der Fenster wird von einem Sechspass beherrscht, der die beiden Zahlen des göttlichen Prinzips ZWEI und DREI vereint. Die Weinblätter, die sich ziemlich genau über der Mensa[255] des Hochaltares befinden, weisen wieder auf den Akt hin, in welchem Gott in Jesus Christus leibhaftig sich der Gemeinde nähert, Gemeinschaft der Lebenden erst ermöglicht und konstituiert: das heilige Abendmahl. Die Einsetzung dieses Sakramentes war, wie unten beschrieben werden wird, Thema des damaligen Altarbildes. Damit weist sich die Chorapsis eindeutig als königlichen Bezirk, als Raum Gottes aus. Wer das Triumphbogen-Joch durchschreitet, der steht vor Gott selbst: *„In dem Chor vollziehen sich dagegen die Akte, in welchen sich recht eigentlich der Herr zu seinem Volke naht, insbesondere das Sakrament"*[256], das heilige Abendmahl. Doch das genügt nicht: Um das Triumphbogen-Joch durchschreiten zu können, um der *Ecclesia triumphans* voll und ganz anzugehören, bedarf es, Jesus von Nazareth als Messias anzunehmen. Wer das erkennt, weiß auch um den Opfertod Jesu am Kreuz. Dieser Tod und die nachfolgende Auferstehung stehen an der Schwelle zwischen Himmel (Chorapsis) und Erde (Kirchenschiff).

Die Lage der Kanzel im Triumphbogen-Joch ist daher richtig: weder ganz im Himmel noch ganz auf der Erde, aber

---

254 Erwähnt werden sollten die beiden Masken, die genau in einer Linie mit dem Hochaltar sich Auge in Auge angrinsen. Normalerweise sind solche Masken als Geisterbann gedacht, haben daher eher abschreckende Gesichtszüge. Interpretationen gleich welcher Art wären nur dann möglich, wenn noch andere Beispiele bekannt würden. Ansonsten sind diese Masken wohl nichts anderes als Verzierung, die dem geistigen Hintergrund der Gotik verborgen geblieben ist.
255 Landläufig „Altarplatte" genannt.
256 Meurer, S. 114.

doch beider teilhaftig. Zur Kanzel sind zwei Zugänge vorgesehen: Der erste führt über das Kirchenschiff, der zweite Zugang über die Sakristei, der allein von der Chorapsis zu erreichen ist. Sollte der Prediger jedoch die Treppe im Triumphjoch benutzen, so erinnert ihn das Bildnis Martin Luthers an seine Verpflichtung zu Evangelium und Bekenntnis. Doch dazu braucht es noch der Verkündigung des Wortes durch die Predigt. Für Luther ist Schriftwort ohne Predigt totes Wort, denn laut werde die Schrift erst durch die Predigt[257]. Diese Predigt entsteht für den Reformator durch zwei Faktoren: durch Jesu Wort und durch den Heiligen Geist. Dieser schwebt über dem Prediger und fliegt zugleich ins Kirchenschiff. Der Heilige Geist bewirkt die Verbindung zwischen Gott und seiner Gemeinde in der Gegenwart bis in aller Ewigkeit, während Jesu Kreuzigung die geschichtliche Manifestation dieser Verbindung ist. Hinter dem Prediger erinnert das Auge Gottes an den, dessen Botschaft er zu verkündigen hat. Dieses Auge, eingefasst durch das Dreieck, das wiederum Gott symbolisiert, ist mit demselben Strahlenkranz hinterlegt, der auch hinter der Taube als Symbol des Heiligen Geistes erkennbar ist. Beide: Vater und Heiliger Geist sind die gleiche Person, besitzen deswegen dieselbe Strahlkraft, sind daher eine einheitliche Quelle des Lichtes. Dieses Licht bezeugt den Dritten: den auferstandenen Christus. Innerhalb zweier Bänder sind zwölf Kugeln bzw. Blattelemente angebracht, die durch vier jubelnde Putten in Abschnitte zu je drei Kugeln bzw. Blattelemente untergliedert sind. Eine mögliche Interpretation: Die Trinität ist nicht nur ein himmlischer Vorgang oder gar polemisch ausgedrückt eine theologische Theorie, die nur der Himmel versteht, sondern, durch den Faktor VIER ausgedrückt, erdverbunden. Sie findet deshalb

---

257 Luther 1523, WA 12, S. 35.

ihre Endgestalt in der Apostelzahl ZWÖLF. Diese Erdverbundenheit wird durch eine Verknüpfung der Attribute noch unterstrichen: Die Erdzahl VIER findet sich in der Anzahl der Putten wieder, die als Engel ja dem himmlischen Bereich zuzuordnen sind. Und die Zahl der Trinität DREI findet sich in der Gliederung der Kugeln und Blattornamenten wieder, die eigentlich dem irdischen Bereich zuzuordnen sind. Sieben Blattornamente schließen alles wie Zacken einer Krone ab. SIEBEN – diese Zahl, gebildet aus der Addition der Zahl des irdischen Prinzips VIER mit der Zahl des göttlichen Prinzips DREI – steht für die Vollkommenheit, die sich eben auch aus der Vereinigung von Gott (DREI) und Erde (VIER) ergibt. Wenn sich Himmel und Erde vereinigen, so kann nur Vollkommenheit das Ergebnis sein. Putten – und mit ihnen die Erde – jubeln dem Auferstandenen zu, dessen Märtyrerpalme an sein Opfer am Kreuz erinnert, die Siegesfahne an seine Auferstehung und damit an den Sieg über Tod und Sünde. Zwei Puttenköpfe jubeln in den Wolken zu Füßen des Auferstandenen, die dadurch wieder in vielfältiger Weise auf die göttliche und menschliche Natur Jesu hinweisen[258]. Dieses Joch kann nur betreten, der sich zu all diesem bekennt: Kreuz und Auferstehung Christi, Opfer und Sieg Christi. Dieses Bekenntnis gipfelt zuerst in der Taufe, die vor allem vom Kreuz Christi gedacht wird. Sein Opfer am Kreuz macht Taufe und damit das Sterben des alten Adam erst möglich. Insofern ist jede Taufe zugleich auch ein Sieg Christi und daher im Triumphbogen-Joch anzuordnen.

---

258 Vier Putten am Schalldeckel weisen – wie erwähnt – durch die Zahl für die Erde VIER auf die menschliche Natur Jesu hin, die Zahl Gottes ZWEI auf die göttliche. 4 Putten + 2 Putten = 6 Putten, das wiederum als 2 x 3 = 6 gelesen werden kann: Zwei-Naturen-Lehre und Trinität sind in Jesus Christus vollendet.

Gott Vater hat seinen Ort im Altar. Die vier Evangelisten umrahmen den Hochaltar; ihr Zeugnis liefert für den Gläubigen Wort und Wahrheit des Evangeliums und macht somit eine gute, gottgefällige Verehrung am Altar erst möglich. Der Altar wird von zwei gedrechselten Säulen getragen, die jeweils sechs Windungen besitzen. Gleichzeitig sind sie von Weinranken umgeben, die an das Wort Jesu erinnern: *„Ich bin der Weinstock, ihr seid die Reben. Wer in mir bleibt und ich in ihm, der bringt viel Frucht; denn ohne mich könnt Ihr nichts tun"*[259]. Damit ist auch das Altarbild vorbereitet: das Gemälde „Das letzte Abendmahl" (Johann Baptist Will, 1840). Dieses Gemälde ersetzte 1840[260], also bereits im Vorgängerbau, das ursprüngliche, 1703 entstandene Altarbild[261], welches die strenge lutherische Abendmahlprogrammatik des 18. Jahrhunderts wiedergibt[262]. Das Will'sche Altarbild ent-

---

259 Joh 15,5 (LUT 2017).
260 Vgl. Grafe, S. 15.
261 Standort 2005: nördliches Seitenschiff.
262 Vgl. Grafe, S. 15; Das Altarbild zeigt im Zentrum des unteren Bildviertels einen Geistlichen im Chorrock. Dieser feiert im Abendmahl die leibliche Anwesenheit Christi, dargestellt durch das Blut, das in den Kelch fließt. Dazu ermahnt das Altarbild mit einem Zitat aus der Abendmahlsliturgie: „*... von diesem Brot eset und diesen Kelch trincket, sollet Ihr den Tod des Herrn verkündigen*". Paulus als Garant für die Verlässlichkeit der reinen Lehre und Maria Magdalena als Beispiel für eine reuige Sünderin, die umgekehrt ist und Christus folgt, feiern diesen Gottesdienst zusammen mit der Gemeinde, die nach Geschlechtern und Ständen getrennt, kniend und betend diesem Augenblick beiwohnt. Dirk Grafe vermutet, dass den Menschen zum Zeitpunkt des Austausches „*die Darstellung zu ,katholisch' und ,zu blutig'*" (a.a.O., S. 15) erschien. Aus der Sicht einer theologischen Programmatik ist festzustellen, dass durch diesen Austausch des Altarbildes das Opfer Christi

spricht nunmehr einer rein eucharistischen Darstellung. Das bedeutet: Die Gemeinschaft Christi mit seinen Jüngern sowie die Einsetzung des Abendmahles, mit der Jesus Christus leiblich zugegen ist („*das ist mein Leib* […], *das ist mein Blut* […]") und dadurch in ihm und mit ihm und durch ihn Gemeinschaft entsteht, ist nun zentraler Inhalt. Dadurch wird der Schwerpunkt von Gott weg, der in Christus am Kreuz für unsere Sünden stirbt, hin zu Christus verlegt. Der Altar erhält damit einen deutlich stärkeren christologischen Schwerpunkt. Der Heilige Geist schwebt am Rahmen über dem Kreuz und heiligt somit den liturgischen Akt des Abendmahls, in dem er die Realpräsenz Christi ermöglicht.

Im Altarbild zeigt sich das Grundprogramm der Kirche: Die Gemeinde versammelt sich im Gemeinderaum, sie nähert sich dem Altar, um dort ihr Lob- und Dankopfer vorzubringen wie es Jesus Christus im letzten Abendmahl auftrug[263]. Und im Chor vollziehen sich die Akte, in denen sich Gott seinem Volk naht, insbesondere im Abendmahl[264]. Wir müssten nun eigentlich um den Hochaltar weiter Richtung „Osten" gehen (was in Wirbenz leider wegen Lage und Größe des Kirchgartens seit dem Neubau 1905 Westen ist). Doch wir stoßen gegen die Wand. Unsere Zeit zum Heimgang ist nicht gekommen, noch nicht. Und was dazu nötig ist, wofür dieser Hochaltar steht, das zeigt das Hauptfenster hinter dem Hochaltar. Um ins ewige Reich einzugehen, kann der Weg wiederum nur über Christus gehen. Daher ist es sinnvoll, dass sich das Christusbildnis im Maßfenster hinter dem Hochaltar befindet. Und die dortige Szene dazu ist auch einprägend:

---

    am Kreuz zugunsten einer rein eucharistischen Darstellung zurückgedrängt wurde.
263 Mk 14,12–26 par; 1. Kor 11,17–33.
264 Vgl. Meurer, S. 113–114.

Johannes tauft Jesus, der Heilige Geist kommt über ihn und bekennt – „*Und als Jesus getauft war, stieg er alsbald herauf aus dem Wasser, und siehe, da tat sich ihm der Himmel auf, und er sah den Geist Gottes wie eine Taube herabfahren und über sich kommen. Und siehe, eine Stimme aus dem Himmel sprach: Dies ist mein lieber Sohn, an dem ich Wohlgefallen habe*"[265]. Im Vierpass ist wieder Christus als auferstandener Herrscher zu erkennen, rechts unten ein Engel mit Schalmei. Das Motiv des Tympanons am Haupteingang wird aufgenommen: Christus, der thronend im Himmel herrscht. Die Zahl VIER zeigt wieder: Christus war neben seiner göttlichen Natur auch ganz Mensch und damit nicht nur dem Himmlischen, sondern auch dem Irdischen zugehörig.

3.2.2. Die Sakristei – nur ein Nebenraum?

3.2.2.1. Einführendes für Spurensuche und Entdeckungen

Die Sakristei ist im deutschsprachigen protestantischen Raum ein vergessener Raum. Im Winter gern gesehen, da in der Regel der einzig beheizbare Raum der Kirche, im Sommer dunkler und damit kühler Zufluchtsraum, ganzjährig Abstellraum. Insofern ist es nicht verwunderlich, wenn die Brockhaus-Enzyklopädie unter dem Stichwort „Sakristei" ausführt: „*Nebenraum der Kirche, Aufenthalts- und Ankleideraum der Geistlichen und am Gottesdienst Mitwirkender, Aufbewahrungsort der liturgischen Geräte und Gewänder*"[266]. Ähnlich auch die Encyclopædia Britannica,

---

265 Mt 3,16–17 (LUT 2017).
266 Artikel „Sakristei", in: Brockhaus in 15 Bänden. Permanent aktualisierte Online-Auflage. © Bibliographisches Institut & F. A. Brockhaus AG: Mannheim, 2002, 2003, 2004 (zuletzt aufgerufen am 16.05.2005).

die schlicht formuliert: „*sacristy, also called* vestry *in architecture, room in a Christian church in which vestments and sacred objects used in the services are stored and in which the clergy and sometimes the altar boys and the choir members put on their robes. In the early Christian church, two rooms beside the apse, the diaconicon and the prothesis, were used for these purposes*"[267]. Nur die freie Internet-Enzyklopädie de.wikipedia.org weiß noch zu ergänzen: „*Im Besonderen dient die Sakristei Priestern, Diakonen, Lektoren und Ministranten als Vorbereitungsraum für die Gottesdienste*"[268]; in der bis zum 16. Dezember 2016 gültigen Version war eine Sakristei für Wikipedia sogar ein „*Umkleideraum*"[269].

Die Sakristei präsentierte sich im Jahre 2005 in einem ähnlich traurigen Zustand: Sicherungskästen der elektrischen Versorgung hängen chaotisch wirkend im Raum neben

---

267 „Sakristei (*sacristy*), in der Architekturlehre auch *vestry* [dt: Sakristei] genannt, ist ein Raum einer christlichen Kirche, in welchem Ornate und sakrale Gegenstände, die in Gottesdiensten Verwendung finden, gelagert werden und in welchem der Klerus und manchmal die Ministranten sowie die Chormitglieder ihre Talare anlegen. In der frühen Kirche bezeichnet es die beiden Räume neben der Apsis, das Diaconicon und die Prothesis, welche für ihre Zwecke benutzt wurden" (Übersetzung des Verfassers) (Artikel „sacristy". Encyclopædia Britannica from Encyclopædia Britannica Premium Service. Online verfügbar unter http://www.britannica.com/eb/article?tocId=9061675, zuletzt aufgerufen am 16. Mai 2005).
268 Artikel „Sakristei", in: Wikipedia. Die Freie Enzyklopädie. Online verfügbar unter http://de.wikipedia.org/wiki/Sakristei, zuletzt geändert am 12. November 2017, Änderungs-ID 170935287 (zuletzt aufgerufen am 3. Januar 2017).
269 Wikipedia, zuletzt Version vom 16. Dezember 2016, Änderungs-ID 160667756 (zuletzt aufgerufen am 3. Januar 2017).

provisorischen Schränken, Wandkarten, lieblos ungepflegte Strahler und einem Waschbecken. Lediglich der neue Sakristeischrank scheint die Erinnerung an einen Zweck, der über den einer beheizbaren Abstellkammer mit Funktion einer Anrichte hinausgeht, tapfer bewahren zu wollen.

3.2.2.2. Bauaufnahme: Was noch zu finden ist

Leider sind bisher keine historischen Aufnahmen oder Beschreibungen der Sakristei in ihrem ursprünglichen Zustand bekannt. Insofern muss eine Aufnahme des Vorhandenen erfolgen.

Die Sakristei befindet sich „nördlich" der Chorapsis (was leider aufgrund der örtlichen Begebenheiten Süden ist). Die Sakristei wird in der westlichen Kirche in der Regel im Norden der Kirche gebaut, weil hier an Golgatha erinnert wird, der Ort, an dem Jesus von Nazareth seinen Tod am Kreuz erlitt. Golgatha liegt nördlich der Jerusalemer Stadtmauer, vor dem Damaskustor. Der Weg ins Grab, dessen Ort – traut man der Tradition – sich in der Grabeskirche manifestiert, folgte nach Süden. Insofern ist der Weg des diensthabenden Geistlichen auch ein Nachgehen der letzten beiden Stationen des spätmittelalterlichen Kreuzweges[270].

Nicht nur die Lage, sondern schon die Sakristeitür deutet darauf hin: Im Tympanon ist die Dornenkrone erkennbar, in deren Mitte sich das Nomen sacrum „IHS" befindet, das die ersten drei griechischen Buchstaben des Namens Jesus darstellt. Sechs Stufen führen zur Sakristeipforte. Das Tympanon ruht auf Türzargen mit jeweils sechs Sandsteinquadern. Die Tür ist bespickt mit Nägeln, die in Form an die Nägel

---

[270] Station 13: Jesus wird vom Kreuz abgenommen und in den Schoß Maria gelegt; Station 14: Der heilige Leichnam Jesu wird ins Grab gelegt.

Christi erinnern, wie sie an Kruzifixen und an klassischen Osterkerzen zu beobachten sind. Insofern scheinen Wegrichtung und Tür deutlich an Passion und Tod Jesu zu erinnern, dessen letzten Weg der diensthabende Geistliche zumindest beobachtend begleitet.

Die Tür ist durch Eisenbänder in drei große Bereiche gegliedert: Im unteren Bereich sind fünf Nägel eingestreut; am linken Rand stehen sieben Nägel in einer Reihe. Der untere und mittlere Bereich wird am rechten Rand der Scharnierseite von einem durchgehenden Band aus 16 Nägeln begrenzt. Dieser mittlere Bereich trägt nicht nur das Türschloss, sondern auch ein Kreuz, das von neun Nägeln gehalten wird. Um das Kreuz herum sind wiederum neun Nägel eingeschlagen. Das durchgehende Eisenband trägt am rechten Rand dieses Bereiches sieben Nägel. Der obere Bereich zeigt vier verstreute und die Eisenbänder der beiden Türränder tragen jeweils acht Nägel. Die obere Türkante wird von einem Eisenband mit 17 Nägeln gehalten.

Eine genaue Interpretation scheint nur zulässig, wenn weitere Beispiele dieser Art nachgewiesen werden können. Auffallend ist, dass nur der mittlere Bereich ausschließlich mit Zahlen arbeitet, die das göttliche Prinzip darstellen. Das Kreuz wird von neun Nägeln gehalten: Die mit sich multiplizierte Zahl der Trinität DREI steigert das göttliche Prinzip. SIEBEN als Zahl der Vollkommenheit, die durch die Verbindung der Zahl der Trinität DREI und die des irdischen Prinzips VIER entsteht, ist das verbindende Element zwischen oberem und unterem Türbereich. Im unteren herrscht die Zahl FÜNF, die – wie an anderer Stelle gezeigt[271] – für Maria steht, welche in der 13. Kreuzwegstation eine wichtige Rolle übernimmt: Sie nimmt in Gegenwart des Apostels Johannes

---

271 Vgl. Kapitel 2.2.2.3.

den Leichnam Jesu in ihren Schoß. Insofern scheint es konsequent, dass das rechte Eisenband von acht Nägeln getragen wird: denn 8 = 2 x 4, also das irdische mit dem göttlichen multipliziert oder 8 = 2 x 2 x 2, also die Multiplikation von dreimal der Zahl des göttlichen Prinzips ZWEI. Im oberen Bereich taucht wieder die Zahl ACHT an den Eisenbändern am rechten und linken Rand auf. Im mittleren Bereich selbst sind vier Nägel zu zählen[272]. Leid und Tod Jesu sind nicht nur deutliches Zeichen der göttlichen Natur Jesu. Sie sind auch unverrückbarer Beweis für göttliches Handeln und die Liebe des Vaters zu den Menschen. Das ereignet sich in der Sphäre unserer Welt, symbolisiert durch die Zahl VIER – für uns offensichtlich und nachweisbar. Das erinnert an die Feststellung des römischen Hauptmannes: „*Wahrlich, dieser Mensch ist Gottes Sohn gewesen!*"[273].

Wenn wir die Sakristeipforte durchschreiten, dann befinden wir uns in einem zweischiffigen Raum. Der „östliche" Teil (der aufgrund der Lage in Wirbenz leider im Westen liegt), in welchem wir gleich nach Durchschreiten der Sakristeipforte stehen, besitzt die Zugänge zu Chor und Kanzel. Der Schlussstein des Kreuzgewölbes trägt als figürliche Darstellung das Auge Gottes.

Der „westliche" Teil ist parallel zum Kirchenschiff angebaut, so dass beide Teile im Grundriss an den Buchstaben „L" erinnern, und sich so regelrecht an die Kirche anlehnen. Das Kreuzgewölbe trägt als Schlussstein eine Rose mit fünf Blättern.

---

272 Der obere Türrand wird durch ein Eisenband mit 17 Nägeln gehalten, eine Zahl, die ja ebenfalls in der Anzahl der Stufen im oberen Bereich des Aufgangs zum Katchumenenportal zu beobachten ist; vgl. Kapitel 3.3.2.
273 Mk 15,39 par. (LUT 2017).

3.2.2.3 Nach der Bauaufnahme: Welche Funktion haben die Raumteile?

Lage und Ausstattung scheinen auf Funktion der jeweiligen Teile hinzuweisen. Der „westliche" Teil liegt parallel zum Kirchenschiff, also zum Raum der Gemeinde, der „östliche" dagegen am Chor, also am Raum Gottes. Insofern ist es konsequent, dass der „östliche" das Auge Gottes, der „westliche" eine Rose als Schlussstein trägt. Das bedeutet: Der „westliche" Teil ist für das zuständig, was eindeutig dem Irdischen zuzuordnen ist, der „östlichen" dem, was notwendig ist, damit Gott sich vor allem im Sakrament des Abendmahls der Gemeinde naht[274]. Damit scheint sicher: Der „westliche" Teil ist Aufbewahrungsraum der *Vasa sacra*[275], der liturgischen Kleidung. Er ist auch Raum der Umkleide. Der „östliche" Teil ist Raum der Vorbereitung: Bereitstellung der Abendmahlsgaben, Ort des liturgischen Schweigens und des Gebetes. Insofern sind nach Meinung des Verfassers Anklänge an das byzantinische Hofzeremoniell und deren Umsetzung in der christlichen Liturgie zu erkennen[276]. Daher ist die Vermutung erlaubt, dass hier die Forderung des neulutherischen Pro-

---

274 Vgl. Meurer, S. 114.
275 Z.B. Abendmahlkelche und Patenen.
276 Vgl. zum liturgischen Schweigen z. B.: Otto Treitinger: „*Gott wird als ‚gegenwärtig' empfunden in bildhafter Anschaulichkeit und still geschaut in seiner Majestät*" (Treitinger, Otto: Die oströmische Kaiser- und Reichsidee nach ihrer Gestaltung im höfischen Zeremoniell. Vom oströmischen Staats- und Reichsdenken. Reprografischer Nachdruck der 3., unveränd. Aufl. Gentner: Bad Homburg v.d.H. 1969, S. 52). Zum liturgischen Schweigen in der Erlanger Theologie/Neuluthertum siehe auch: Kressel, Hans: Das Schweigen in der lutherischen Theologie. In: Monatsschrift für Gottesdienst und kirchliche Kunst (Nr. ¾,) 1941, o.S. sowie Kressel, Hans: Die Liturgik

fessors Theodosius Harnack (1817–1889) nach einer „*Bestimmung der Kunst zum Dienst des Kultus*"[277] erfüllt wurde.

3.3. Diskussion über mögliche Interpretationen.

3.3.1. *Das Treppenhaus hinter der Hauptpforte*

Es gehört zu den Besonderheiten der Wirbenzer Pfarrkirche, dass das Hauptportal nicht in die Kirche führt, sondern in ein Treppenhaus, das der einzige Zugang für die Orgelempore ist. Kronleuchter und Ausführung der Treppe mit massivem Geländer, veredelt in Bearbeitung und Farbe, sind eine Ausstattung, die sonst nur in repräsentativen Treppenhäusern der Villen um 1900 angetroffen wird. Es ist also ein herrschaftlich gestaltetes Treppenhaus: Sobald man die Turmhalle überwunden und im eigentlichen Turm angekommen ist, geht alles wieder in den zwar splitterfreien, aber dennoch rohen Bearbeitungszustand über. Somit führt der Weg wie oben ausgeführt über die Nebenportale in die Kirche.

Mit der Deutung der Nebenpforten als Pforten des Todes scheinen zwei Deutungsmöglichkeiten für die Hauptpforte möglich: Die erste verbindet die Funktion des Ortes *Orgelempore* mit der Aufgabe der Engel im Tympanon – durch Musik Christus preisen. Insofern wäre es konsequent, die Chöre sozusagen im „Eilverfahren", dafür mit weniger Licht, durch die Pforte des Todes zu führen, damit das Lob möglichst schnell erklingen möge. Die zweite Interpretationsmöglich-

---

    der Erlanger Theologie. Ihre Geschichte und ihre Grundsätze. Vandenhoeck & Ruprecht: Göttingen 1946, S. 138–139.

277 So seine Überschrift des § 6 des Zweiten Abschnitts, Buchstabe A; Harnack, Theodosius: Praktische Theologie. 1. Theil: Einleitung und Grundlegung der Praktischen Theologie, Theorie und Geschichte des Cultus. Deichert: Erlangen 1877, S. 289.

keit besteht darin, das Epitaph mit der Empore in Verbindung zu bringen: die Orgelempore als eine Art zweckentfremdeter Loge für den Freiherrn von Flotow, dessen Familie einst ihren Sitz in Göppmannsbühl und damit im Pfarrsprengel hatte[278] und wohl Präsentationsrechte für Wirbenz besaß. Für letztere Deutung spricht manches: Zum einen ist das Hauptportal traditionell nur für den Einzug besonderer Persönlichkeiten vorgesehen, und der einzige Adelssitz im Pfarrgebiet zeigt die Bedeutung dieser Persönlichkeit; unterstrichen wird das noch durch das herrschaftliche Treppenhaus und die Tendenz in der Architektur des späten 19. Jahrhunderts, die Tragkraft und Festigkeit der Ständegesellschaft architektonisch zu unterstreichen[279]. Insofern läge hier ein Beispiel für die Trennung der Stände bis in den evangelischen Kirchenbau hinein vor, dessen Ekklesiologie keine Unterscheidung in Stände kennt. Ob diese Interpretation wahrscheinlich bleibt, muss einer Auswertung des umfangreichen, aber ungeordneten Aktenbestandes des Gutes Göppmannsbühl vorenthalten bleiben, welche offensichtlich Wünsche und Stellungnahmen des Freiherrn von Gerner enthalten[280]. Der Vollständigkeit halber muss aber noch eine andere Möglichkeit in Erwägung gezogen werden: Das k. Landbauamt Amberg hat durch Unachtsamkeit eine praktische Lösung gesucht. Sollte dies zutreffen, muss dann die Frage beantwortet werden, weswegen

---

278 Vgl. Voith von Voithenberg, Hans Freiherr von: Das Ritterlehen Göppmannsbühl, in: Archiv für Geschichte von Oberfranken, Band 54 (1974), S. 191–242, S. 225–226.

279 Freundliche Auskunft Friedrich U. Röhrer-Ertl mittels Manuskript *Die Tympanoninschrift der Johanneskirche* (unveröffentlicht – 2006).

280 Freundliche Auskunft Friedrich U. Röhrer-Ertl, München, vom 19. März 2005, der die Akten sichtete.

die Krone unverhältnismäßig viel aufwendet für einen Aufgang für ländliche protestantische Kirchenchöre.

3.3.2. Das Katchumenenportal

Die Pfarrkirche besitzt als weitere Besonderheit ein eigenes Katchumenenportal[281], das mit einer direkt auf den Eingang zulaufenden Treppe von der Hauptstraße, die 18 + 17 Stufen zählt, unterbrochen durch ein Plateau, erreichbar ist. Hier wird der Aufstieg zum Jerusalemer Tempel besonders deutlich. Eine besondere Bedeutung der Stufenanzahl kann der Verfasser nicht erkennen, sie scheint den örtlichen Gegebenheiten angepasst[282]. Am Ende wartet ein einflügeliges Tor; das Tympanon weiß, weswegen dieser steile und mühselige Aufstieg der Mühe wert war: *„Kommet / her zu mir / die ihr müh= / selig und bela= / den seid ich will / euch erquicken"*[283] Zehn Weinblätter, je fünf an einen Bogen erinnern an das Wort Jesu vom Weinstock[284], zugleich korrespondiert es mit dem Hochaltar, dessen Säulen auch Weinblätter tragen.

---

281 Heute auch „Taufeingang" genannt.
282 Auch hier gilt: Sehr wohl kann 17 als 14 + 3 angesehen werden, da 14 aus 2 x 7 besteht, wäre das eine durch das göttliche Prinzip gesteigerte Vollkommenheit, die noch einmal durch die Zahl des göttlichen Prinzipes DREI abgeschlossen wird. Ähnliches gilt für 18, die als 2 x 9 angesehen werden kann, wobei 9 = 3 x 3 ist. Daraus lässt sich als Interpretation ableiten, dass ein schier unendlich gesteigertes göttliches Prinzip zur Vollkommenheit führt, die seinen Ausdruck in Jesus Christus findet, der Menschen – obwohl Sünder – zu sich ruft. Diese Ableitung wäre auch hier nach Überzeugung des Verfassers nur zulässig, wenn für die Zahlen 17 und 18 noch weitere Beispiele nachweisbar wären.
283 Mt 11,28.
284 Joh 15,5.

Damit ist ein Zusammenhang zwischen Taufe und Abendmahl als von Jesus Christus selbst eingesetzten Sakramenten hergestellt. Ohne Taufe, ohne Bekenntnis zu Christus, ohne den Tod des alten Adam ist eine Teilnahme am Abendmahl, in welchem Christus leibhaftig anwesend ist und die Versammelte durch ihn und mit ihm zu einer Gemeinschaft der Heiligen verbindet, nicht möglich. Politische Intentionen, die die historische Hilfswissenschaft zu erkennen meint[285], spielen dabei theologisch kaum eine Rolle. Der theologische Hintergrund dieser Pforte macht aber die politische Aussage brisanter[286].

3.3.3 *Zusammenfassung des Theologischen Programmes zum Zeitpunkt der Einweihung*

Das Theologische Programm zum Zeitpunkt der Einweihung kann wie folgt beschrieben werden: Die heilige Kirche als Gemeinschaft der Heiligen ist streng hierarchisch gegliedert und in Geschichte und Tradition des Volkes eingebunden. Sie sieht sich selbst als *Ecclesia triumphans* zwar zum Irdischen gehörig, aber doch schon Teil des Himmlischen. Die Kirche ist insofern Abbild der Welt, als sie Freuden und Leiden des irdischen Lebens nicht geringachtet und beides zu Gott hinträgt; dazu ist sie ordnende Kraft und zugleich Ausgangspunkt für jedwede Betrachtung oder Gliederung der Gesellschaft bzw. Landschaft. Gleichzeitig zeichnet sie diesen Lebensweg der Gemeinde in Anlehnung an die Völkerwallfahrt zum Zion[287] als Weg von der postlapsarischen Welt zum

---

285 Freundliche Auskunft Friedrich U. Röhrer-Ertl, 2006.
286 Freundliche Auskunft Friedrich U. Röhrer-Ertl mittels Manuskript „Die Tympanoninschrift der Johanneskirche" (unveröffentlicht – 2006).
287 Jes 2,1–5.

Neuen Jerusalem, wo Christus die volle Königsherrschaft übernehmen wird. Dabei betont die christliche Gemeinde, dass sie eine Gemeinschaft der Lebenden in Christus und mit Christus ist. Die Kirche ist der Ort, an dem sie Jesus Christus im Sakrament des Abendmahls begegnet und Gott ihr Gebets- und Lobopfer darbringt.

3.4. Veränderungen zwischen den Weltkriegen

3.4.1. Veränderungen und Maßnahmen

Als einzige Veränderung wurde 1921 das Kriegerehrendenkmal für die Gefallen und Vermissten des Deutsch-Französischen Krieges 1870/71 und des Ersten Weltkrieges 1914–1918 nahe dem Triumphbogen-Joch im südlichen Seitenschiff aufgehängt. Da der Heldentod vom Opfer Christi gedeutet wurde; wurde oft für Gefallenentafeln ein Platz nahe dem Altar bzw. der Chorapsis ausgewählt[288]. Der damals amtierende Pfarrer verhinderte den ursprünglichen Plan, die Gefallenentafel mit dem kleinen bayerischen Staatswappen abzuschließen, um eine politische Aussage in einem sakralen Raum zu verhindern. Als Kompromiss wurde die Konsole für das Gewölbe des südlichen Seitenschiffes als Engelkopf ausgeführt, der auf dem kleinen bayerischen Staatswappen ruht[289].

3.4.2. Diskussion

Der Tod auf dem Schlachtfeld wurde von den damals Verantwortlichen als Heldentod vom Opfer Christi her gedeutet; daher ist ein Ort in der Nähe des Altares sinnvoll. Durch das Will'sche Altarbild „Das letzte Abendmahl" entsteht für die-

---

288 Vgl. PfA Wirbenz Nr. 255.
289 Vgl. Grafe, S. 17–18.

se Interpretation eine besondere Verbindung, die in gewisser Weise die Symbolik einer besonderen Form der Nachfolge Christi, gerade in seinem Weg nach Golgotha, provoziert. Dieses Provozieren einer Verbindung zwischen dem Tod auf dem Schlachtfeld und dem Opfertod am Kreuz könnte dem damaligen Zeitgeist durchaus entsprechen. So predigte der Hof- und Domprediger am Berliner Dom, Pfarrer Bruno Doehring, 1915: *„Und fürs Vaterland sterben heißt: von den vielen Wegen, auf denen Gott die Seinen zu sich rufen kann, den begnadetsten haben gehen dürfen"*[290]. Doch *„aus den ‚siegreichen Helden' sind Opfer geworden"*[291] resümiert Jörg Koch die Stimmung in Staatsführung und Bevölkerung nach 1918. Die Herstellung einer Nähe und Verbundenheit zwischen den Gefallenen, Toten und Opfern des Krieges und den zurückgebliebenen Trauernden, Hinterbliebenen wie Witwen und Waisen[292], die gefordert wurde, wird durch eine solche verbindende Interpretation zwischen dem damals als Heldentod wahrgenommenen Verlust auf dem Felde und dem Opfer Christi noch einmal in einer religiös-mystischen Dimension verstärkt. Diese scheint stimmig zur damals bestehenden theologischen Programmatik der St.-Johannis-Kirche. Die Ergänzung durch das Kriegerehrenmal 1921 bestätigt die Aussagen dieser Programmatik, ohne diese infrage zu stellen.

---

290 Zitiert nach Koch, Jörg: Von Helden und Opfern. Kulturgeschichte des deutschen Kriegsgedenkens. Wissenschaftliche Buchgesellschaft: Darmstadt 2013, S. 66.
291 Vgl. Koch, S. 105.
292 Vgl. Koch, S. 110.

3.5. Gebremste „Purifizierung": die Grundsanierung 1965–1967

3.5.1. Veränderungen und Maßnahmen

Unter Pfarrer Hans-Jürgen Deye (1963–1974) wurde eine Grundsanierung durchgeführt. Entgegen den damaligen Gepflogenheiten wurden nur kleinere Veränderungen vorgenommen. So wurde unter anderem die gesamte Kirche weiß gestrichen, spätestens hier sind die farbigen Fassungen der Figuren und figürlichen Darstellungen abgewaschen worden; allein die Goldfassung der Inschriften blieb erhalten.

Gleichzeitig wurden Teile der künstlerischen Ausstattung neu angeordnet. So wurden die Putten der Kanzel vom Schalldeckel an den Kanzelkorb versetzt[293]. Die Engel jubeln nicht mehr dem auferstandenen Christus zu, sondern dem Prediger.

Um einen Platz für das Denkmal der Gefallenen und Vermissten des Zweiten Weltkrieges (1939–1945) zu schaffen, wurde das Katchumenenportal um 1965 zugemauert. Dabei blieb die originale Tür erhalten; sie kann auch von außen geöffnet werden. Wer die Tür öffnet, wird jedoch hinter dieser eine Mauer finden.

Gleichzeitig wurde wahrscheinlich zu dieser Zeit das Chorgestühl entfernt und durch Stühle ersetzt. Auch verlor die Orgel ihre romantische Disposition und wurde barockisiert[294].

Spätestens hier sind auch wesentliche Veränderungen am Zaun, der den Kirchgarten vom Nachbargrundstück Wirbenz 43 abgrenzt, durchgeführt worden. So wurden im Bereich vor der Kirche die Zäune ganz entfernt sowie das Tor durch ein sogenanntes „Sicherheitstor", wie in den 1960er Jahren

---

293 Vgl. Grafe, S. 19.
294 Vgl. Grafe, S. 27.

für Brückengeländer und Zäune unter Sicherheitsaspekten entwickelt, eingebaut.

3.5.2. Diskussion

Ziel der Grundsanierung war nicht eine theologische Neuorientierung, diese ist in den Akten nicht nachweisbar. Ein neues theologisches Konzept ist ebenso nicht nachweisbar und nicht erkennbar. Dennoch sind kleine, aber in ihrer Konsequenz wichtige Verschiebungen erkennbar: So wurden die Putten vom Schalldeckel an die Kanzelbrüstung versetzt. Die Engel jubeln nicht mehr dem auferstandenen Christus zu, sondern dem Prediger. Dadurch verlagert sich der Fokus des Jubels, der Anerkennung und der Wertschätzung vom auferstandenen Christus auf den Menschen, der gerade auf der Kanzel steht. Dies dürfte in aller Regel derjenige sein, der den Zweck einer Kanzel ausführt: der Prediger.

Aufgegeben wurde durch den Verschluss des Katchumenenportales der besondere Weg des Taufkandidaten, in der theologischen Fachsprache *Katchumene* genannt. Wer die Tür öffnet, die mit den Worten „*Kommet / her zu mir / die ihr müh= / selig und bela= / den seid ich will / euch erquicken*"[295] zum Öffnen und zum Eintritt in den Raum Gottes und damit in die Gemeinschaft der Heiligen einlädt, der wird hinter der Tür eine Mauer finden. Die Mühseligen und Beladenen finden keine Erquickung, keine offene Tür. Das Katechumenat, also die Tatsache, dass Menschen sich der heiligen Kirche anvertrauen wollen, ist inexistent. Grund dieser Maßnahme ist schlicht und ergreifend, dass der Platz der Tür im nördlichen Seitenschiff für das Denkmal der Gefallenen und Vermissten des Zweiten Weltkrieges (1939–1945) gebraucht wurde – theologisch gesehen ein richtiger Ort. Insofern erweckt diese

---

295 Mt 11,28.

Handlung den Eindruck einer saturierten Kirche, die es sich schlicht nicht vorzustellen vermag, dass es noch Menschen geben könnte, die nicht Mitglied der Kirche sind oder werden wollten.

Ebenso setzt die Entfernung des Chorgestühles einen neuen Akzent. Das Chorgestühl gehört traditionell zum vornehmsten Orten in einer Kirche, da es sich in der Chorapsis befindet und somit nahe am Geschehen des Altars ist. Doch zugleich ist in einem Chorgestühl eine weitgehende Gleichheit in der Sitzordnung zu sehen. Die Stühle, die das Chorgestühl ersetzen, erinnern an das Sedile des Priesters, der der Eucharistiefeier vorsteht. Ruft man sich in Erinnerung, dass dem Ortspfarrer in der lutherischen Theologie häufig die Rolle eines Ortsbischofs zugesprochen wird[296], so werden liturgisch Erinnerungen an die Cathedra eines Bischofs wach. Die besondere Praktikabilität des neuen Stuhlkreises besteht im einfachen Zugang. Statt sich mühselig durch die Bank des Chorgestühles zu zwängen, bei ungünstigen Sitzpositionen die Menschen vor einen bitten, aufzustehen, um Platz für das Durchschlängeln zu machen, reicht ein einfaches Zugehen auf den Stuhl.

Die Entfernung des neugotischen Zaunes, der den Kirchgarten vom Nachbargrundstück Wirbenz 43 abgrenzt, sowie der Ersatz des Tores durch ein sogenanntes „Sicherheitstor" hatten deutliche Verschiebungen im theologischen Programm zur Folge. Der heilige Bezirk ist dadurch „ver-irdischt" worden: Die Entfernung der Zäune gerade vor der Pfarrkirche hat eine Öffnung zur Folge, allerdings öffnet sich nicht der göttliche Bezirk in den irdischen, noch nicht erlösten hinein.

---

296 Vgl. CA 28; Lorz, Jürgen (Hrsg.): Das Augsburger Bekenntnis. Studienausgabe. Vandenhoeck & Ruprecht: Göttingen 1980, S. 76–87.

Das Gegenteil ist nach Überzeugung des Verfassers der Fall: Der weltliche, profane Bezirk übernimmt den heiligen[297]. Insofern ist es nur konsequent, das Tor durch ein Sicherheitstor zu ersetzen, wie es nicht nur vor öffentlichen Gebäuden z. B. staatlichen Schulen zu finden ist, sondern auch vor Einfahrten der Kläranlagen und Müllverbrennungsanlagen[298].

Es scheint deutlich: Individuelle Aspekte waren Leitbilder dieser Grundsanierung – der Prediger wollte mehr im Mittelpunkt stehen und sich nicht mehr in einer Bank durchschlängeln; die Toten waren wichtiger als Lebende, die zu Gott wollten. Die Putten sehen an der Kanzel unten schöner aus und können eher mit Stolz gezeigt werden, als wenn sie am Schalldeckel wären. Das Tragische daran ist die intransparente Entscheidungsfindung, zumindest sind derzeit keine theologischen oder ähnlichen Diskussionen nachweisbar. Vielmehr spielten Ästhetik oder rein praktische Überlegungen die entscheidende Rolle. Dieses Entscheidungsmuster scheint in der modernen Theologie, auch in dogmatischen oder bibelwissenschaftlichen Bereichen, häufig anzutreffen zu sein. Für Walter J. Hollenweger ist das einfach *„pure Ignoranz"*[299],

---

297 Was durchaus in Sinne damaliger Theologen war: siehe Lange, Ernst: Chancen des Alltags. Überlegungen zur Funktion des christlichen Gottesdienstes in die Gegenwart. Kaiser: München 1984 (Lese-Zeichen, 4).

298 So 2005 zum Beispiel bei den Kläranlagen München-Großlappen und Erlangen oder den Müllverbrennungsanlagen München Nord in Unterföhring (Landkreis München) und Bamberg.

299 Hollenweger, Walter J.: Raum und liturgische Handlungen aus evangelischer Sicht. In: Bürgel, Rainer (Hrsg.): Raum und Ritual. Kirchbau und Gottesdienst in theologischer und ästhetischer Sicht. Vandenhoeck & Ruprecht: Göttingen 1994, S. 47–55, S. 48.

die nicht mit Glauben zu tun hätte. So fasst er solche Beobachtungen in „*Das kirchliche Analphabetentum*"[300], so seine Kapitelüberschrift, zusammen.

3.6. Entwicklungen bis zur Jahrtausendwende

3.6.1. Veränderungen und Maßnahmen

Die St.-Johannis-Kirche erlitt in der Folgezeit bis zur Jahrtausendwende keine weiteren baulichen Eingriffe. Vielmehr ist dieser Zeitabschnitt durch die Ergänzung der Ausstattung gekennzeichnet. Nach 1960 wurde ein Ambo angeschafft. Seitdem erfolgen dort die Lesungen, nicht mehr vom Hochaltar aus. Der Ambo selbst erscheint schlicht. Schließlich wurde zu einem bisher nicht näher bestimmbaren Zeitpunkt ein Leuchter für die Osterkerze angeschafft.

3.6.2. Diskussion

Die Ergänzungen der Ausstattung haben Verschiebungen der theologischen Aussagen zur Folge. Durch die Anschaffung des Ambos nach 1960 verlor der Hochaltar seine Funktion als Ort der Verkündigung; er ist nur noch Ort des Sakraments des Abendmahls, da die Lesungen nicht mehr vom Altar, sondern vom Ambo aus erfolgen. Der Ambo selbst hat keine erkennbare oder überlieferte theologische Aussage. Mit der Anschaffung eines Leuchters für die Osterkerze wurde ein neues christologisches Moment eingeführt, da die Osterkerze den auferstandenen Christus selbst symbolisiert. Dadurch schwächt die Osterkerze den Altar in seiner christologischen Zentralaussage, die er seit der letzten Grundsanierung verstärkt besitzt. Der Leuchter scheint allein nach ästhetischen Gesichtspunkten ausgewählt worden zu sein. Auch hier

---

300 Hollenweger, S. 47.

sind in den öffentlich zugänglichen Protokollen keine theologischen Diskussionen oder Ähnliches nachweisbar. Nach Aussage verschiedener Gemeindeglieder[301] standen bei der Anschaffung des Ambos wohl mehr der Wunsch nach mehr Nähe zur Gemeinde und eine gewisse Form der Unterstützung, da der Ambo als eine Art Lesepult eine Ablagefläche bietet, im Vordergrund. Für die Motivation, die zur Anschaffung eines Leuchters für die Osterkerze sind keine Diskussionen oder Aussagen, weder in den öffentlich zugänglichen Dokumenten noch in Zeugenaussagen nachweisbar.

---

301 Durch Verfasser in den Jahren 2005 und 2006 befragt.

4. Zusammenschau mit Diskussion der Fallbeispiele

4.1. Wiederherstellung der Tradition

Beiden Pfarrkirchen, für den Neubau in Höchstädt i. Fichtelgebirge deutlich erkennbarer als für den in Wirbenz, scheint die Wiederherstellung einer Tradition eine entscheidende Motivation zu sein. Richard Bürkner und Moritz Meurer legen ihre Motivation offen: Beiden ist es wichtig, einen genuinen evangelischen Baustil zu entwickeln[302]. Offensichtlich wurde hier ein Mangel empfunden: Während andere Konfessionen einen eigenen Baustil zu besitzen scheinen, der in der von ihnen unterstellten öffentlichen Wahrnehmung deutlich dieser einen Konfession zuzuordnen sei, so fehle dieser für den Protestantismus des 19. Jahrhunderts. Hier scheint eine offensichtlich tiefe Sehnsucht nach einer Kontinuität, nach einer Anerkennung als wichtige, bis in die Zeit der Urkirche zurückreichende Kirche zu geben. Von der anderen Seite aus betrachtet: Nicht wenige Mitglieder der evangelischen Geistlichkeit erleben sich und ihre evangelische Kirche als eine Neugründung des 15. und 16. Jahrhunderts, losgelöst von der Altgläubigen. Evangelische können also im 19. Jahrhundert auf eine 300 bis 400 Jahre andauernde Tradition zurückblicken, die anderen auf eine fast 2000 Jahre andauernde. Hinter dieser Sichtweise scheint ein Schmerz dieser Kreise der evangelischen Geistlichkeit zu stehen, der eine Lücke im Auftreten und Selbstbewusstsein vermuten lässt.

Dabei bietet die Konstruktion der Entstehung der evangelischen Konfessionsfamilie durch eine Art Abspaltung oder gar Neugründung in der Reformationszeit die Möglichkeit,

---

302 Vgl. Kapitel 1.2.

sich als fortschrittlicher zu begreifen als die Altgläubigen, die in der damaligen römisch-katholischen Kirche identifiziert wurden. Der Protestantismus wird als Ausdruck der Moderne verstanden, die durch die Loslösung der mittelalterlichen, einengenden altgläubigen, also römisch-katholischen Bevormundung die damals als gute Gegenwart bewertende Epoche ermöglicht habe und deren Zukunft sicherte. Das religionssoziologisch festgestellte *„Überlegenheitsbewußtsein der protestantischen Konfession auf allen Lebensgebieten"*[303] lässt ein neues Bild von sich entstehen: *„Der Protestantismus ist die Wurzel für alle Erfolge des deutschen Reiches, ja er ist Kulturträger Nr. 1 weltweit. Hier spricht sich Stolz aus. […] Der Protestantismus ist eine kraftvolle, siegreiche, überlegene und durchaus erfolgreiche, vielleicht auch moderne Religion. Und es ist die deutsche Religion. Wer dazu gehört, steht auf der Seite der Sieger, und das in jeder Hinsicht: Politisch, sittlich, wissenschaftlich und künstlerisch"*[304].

Der genuin protestantische Baustil muss also neu entwickelt werden. Neugotisch zu bauen, bedeutet eben auch: eine neue Tradition zu begründen. Eine Tradition, die eben nicht neu ist, sondern ehrwürdig, vielleicht altehrwürdig. Diese muss daher aus einer Wurzel aufgezogen werden, die deutlich vor der Reformation lag. Und ein *„neuer Schoß aus alter Wurzel"*[305] muss so gepflegt, gepfropft und gezüchtet sein, dass die Verwirrungen und Fehlentscheidungen der frühneuzeitlichen kirchlichen Hierarchien keine Bedeutung für die damalige Gegenwart besitzen. Diese Sichtweise zu hinterfragen, scheint sowohl kirchengeschichtlich wie auch kulturhistorisch notwendig zu sein.

---

303 Lück, S. 32.
304 Lück, S. 32.
305 Meurer, S. 119.

Die Fallbeispiele zeigen deutlich, dass ein Raumprogramm, insbesondere wenn dieses theologische Aussagen beinhaltet, unbedingt einen Schlüssel zur Interpretation benötigt. Die vorgestellten Regulative und Handreichungen des 19. Jahrhunderts verfolgen einen induktiven Ansatz: Die Autoren definieren ein Ziel, ein Bild von Kirche. In einem weiteren Schritt werden Elemente aus der definierten Zielepoche der Gotik, insbesondere der Gotik in der Tradition der Dombauhütten[306], gefunden. Diese Elemente wurden durch die Autoren auf ihre Symbolik hin untersucht, ggf. verändert im Sinne der theologischen Schule, die diese Autoren vertreten. Wenn erforderlich, wurden neue Interpretationen entwickelt und angeboten. So sollte ein moderner Baustil entstehen, der Tradition in der Moderne integrieren und erfahrbar machen wollte, der aber auch gleichzeitig sein eigenes ständisch geprägtes Herrschaftsbild durch die Einordnung in einer Tradition legitimieren und als zukunftstragend darstellen möchte.

Ein Beispiel für eine damals als notwendig erkannte Veränderung ist für das Neuluthertum die Korrektur der Wertigkeit der Predigt, die als zu groß empfunden wurde, zu Gunsten des Sakramentes, insbesondere des Abendmahles[307]. Folgerichtig wird der Altarbereich entsprechend gestaltet und vom Gemeinderaum abgegrenzt. Da „[...] *die Alten die Welt viereckig* [dachten] *und die K.* [...] *ein Abbild der Welt sein* [soll]"[308], muss also der Versammlungsraum einer Kirche viereckig sein. Ebenso hat das Bild des Jerusalemer Tempelberges zur Folge, dass der Kirchenbau auf einem Hügel mit erkennbarem Aufstieg errichtet werden sollte. Ein Beispiel für

---

306 Vgl. Heinig, S. 13.
307 Vgl. Anmerkung 122.
308 Vgl. „Allgemein gültige Regeln" 1876, Pkt. c) vgl. Langemaack, S. 275.

eine neu entwickelte Interpretation scheint mir das schmale, zweiflüglige Hauptportal zu sein. Der Interpretationsschlüssel, dass jeder Türflügel je eines der beiden biblischen Testamente symbolisieren soll[309] bzw. die Vorgabe, dass die Tür schmal wirken oder besser: schmal sein soll[310], scheint es so im Mittelalter nicht gegeben zu haben[311]. Eine Neuinterpretation, Ergänzung des Vorgefundenen, ja bis hin zu einer Berichtigung z. B. des Figurenprogrammes[312] war den Architekten, Künstlern und theologischen Entscheidungsträger des 19. Jahrhunderts selbstverständlich praktiziertes Handeln. Dadurch entstand eine neue Traditionslinie, die nur noch wenige Gemeinsamkeiten mit der des Mittelalters aufweist[313].

Der Fleiß dieser Generation, den Zeitgenossen als „*Autopsie*"[314] beschreiben, einhergehend mit einer Auseinandersetzung wie nie zuvor in der Geschichte des evangelischen Kirchenbaus[315], weist auf ein wesentliches Moment hin:

---

309 Vgl. „Allgemein gültige Regeln" 1876, Pkt. p) vgl. Langemaack, S. 275.

310 Vgl. „Allgemein gültige Regeln" 1876, Pkt. p) vgl. Langemaack, S. 275.

311 So konnte der Verfasser bisher keinen Nachweis hierzu finden; z. B. vgl. Fuchs, Friedrich: Das Hauptportal des Regensburger Domes. Portal, Vorhalle, Skulptur. Schnell & Steiner: München et al. 1990 (Kataloge und Schriften/Kunstsammlungen des Bistums Regensburg, 9).

312 Vgl. Heinig, S. 30.

313 Als Beispiel, wie Traditionen und Traditionswelten, Symbolik und Mystik das alltägliche Leben des Mittelalters prägen konnten, vgl. Röhrer-Ertl, Olav: Über magische Bedeutungen und Sinngehalte des Zeichen-beschrifteten Ringes von Paußnitz. In: Jahresschrift für mitteldeutsche Vorgeschichte, Band 87 (2003), S. 124–138.

314 So Georg Gottlob Ungewitter; zitiert nach Heinig, S. 28.

315 Vgl. Ellwardt, S. 136.

Offensichtlich sind bereits im 19. Jahrhundert teils jahrtausende alte Traditionen nicht mehr gegeben. Offensichtlich fehlte bereits damals die Vermittlung der Interpretationsschlüssel, die eine fast schon natürlich wirkende, automatisierte Anwendung der Symbolsprache und Anforderungen dieser Traditionen im alltäglichen Leben erst ermöglichen. Vielmehr sahen die theologischen Fachkundigen wie die Architekten als unabdingbar notwendig an, die Interpretationsschlüssel neu zu formulieren und in die Kirchengemeinden hineinzutragen. Damit scheint die Hoffnung, ja vielleicht sogar die Erwartung verbunden, dass alle diese neuen Schlüssel, fachlich und theologisch im Sinne der entsprechenden anzuwendenden theologischen Schule purifiziert, die Menschen prägen. Diese Prägung sollte eine eigene Traditionslinie, die ja vermisst wurde, aus der damaligen Gegenwart in die Vergangenheit zurückreichend entstehen lassen, die ein Stück weit die damalige Interpretation der eigenen Geschichte und Herkunft korrigiert; eine Interpretation, die als fremdbestimmt und fremdgeleitet erlebt zu sein scheint. Diese Prägung sollte Frömmigkeitsformen hervorbringen, die einen erkennbaren evangelischen Stil vor allem in der Architektur hervorbringen und dank einer gelungenen Prägung auch eine erkennbar evangelische Zukunft sichern soll.

Diese Hoffnung wäre nicht notwendig, wenn das Ziel dieser Hoffnung – eine zukunftsweisende, erkennbar evangelische Gegenwart, deren Traditionslinien, aus damaliger Sicht unwiderlegbar auf das Reine purifiziert, in die vorreformatorische Zeit reichen – tatsächlich nachweisbare Gegenwart gewesen wäre. Offensichtlich scheinen Traditionen und Traditionslinien bereits ähnlich einem Luftballon zu sein, der sein Gas durch die Hülle verliert: Auch wenn er prall wirkt, so verliert der Luftballon seinen Inhalt, die Luft, die er zu seiner Existenz braucht. Diese Luft entweicht unwiederbringlich, sie ist nicht zu ersetzen. Der Luftballon schwindet dahin.

Für eine religiöse Gemeinschaft, für die „*das Geschäft der Theologie in der Vermittlung von Vergangenheiten, in dem Rückbezug auf den Glauben der Väter und Mütter*"[316] liegt, kann eine Tradition, die dahinschwindet und langsam in einem verdeckten, kaum bemerkbaren Prozess entweicht wie der Inhalt eines Luftballons, existenzbedrohend sein.

Die Traditionen, die im 19. Jahrhundert wohl noch gekannt und gelebt wurde, entsprachen wohl nicht mehr dem geforderten Umfang und Tiefe, die die Verfechter neugotischer Baustile als Interpretationsschlüssel benötigten. Daher waren eine Rekonstruktion, manchmal auch eine als notwendig erachtete Berichtigung[317] oder eine freie Interpretation notwendig. Insofern können die Diskussionen um den richtigen Baustil für evangelische Kirchenbauten auch eine weitere Motivation beinhalten: einen Heilungsprozess der Wunden, die zuletzt durch die napoleonische Fremdherrschaft lebensbedrohlich vertieft wurden. Gerade in Preußen führte die französische Besatzung zu einer Erinnerung der „*eigenen Traditionen und der eigenen Geschichte*"[318]. Die Wiederherstellung der Traditionen könnte also Motivation und Modell sein für einen Heilungsprozess der evangelischen Kirchen.

4.2. Perspektivenwechsel

Bewertungen, die einen Ausschließlichkeitscharakter fast jeder denkbaren Art besitzen, kennt der Verfasser vor allem im theologischen Kontext aus eigener Anschauung. Diese Bewertungen scheinen gerade im theologischen Diskurs aus eigenem Erleben die Funktion einer Gruppenidentitäts-

---

316 Lück, S. 20.
317 Vgl. Heinig, S. 30.
318 Ellwardt, S. 137.

bildung zu übernehmen, durch die die eigene Gruppe nach innen gestärkt und zugleich eine deutliche Abgrenzung – zu wem oder was auch immer – dokumentiert wird. Das hat aus seinem Erleben auch Folgen, die in seiner eigenen Erinnerung sehr häufig als eine Art Kollateralschaden billigend in Kauf genommen werden: die Abgrenzung und damit verbundene Abwertung theologisch Andersdenkenden, auch wenn diese sich im Korridor erlaubter theologischer Ansichten befinden – unabhängig davon, ob dieser Korridor durch mündliche Tradierung, sei es durch Beschlüsse kirchenleitender Organe, wie der Landessynode, bestimmt wurde oder auch nicht. Diese Form nennt der Verfasser *Clerical Correctness*; sie verhindert in der Regel eine wertschätzende Diskussion und führt zu Disputationen oder artet sogar in Polemik[319] aus. Eine diese theologischen Gruppierungen oder Parteien überwindende Gemeinschaft – von der Diskussion bis hin zu persönlichen Freundschaften, sind nach Erfahrung des Verfassers im kirchlichen Bereich erheblich seltener zu beobachten als im politischen Alltag.

Insofern bietet es sich zuerst an, sich dem Diskutanten bzw. Disputanten zuzuwenden. Oskar Söhngen wirft in seiner 1962 erschienenen Handreichung den zeitgenössischen Befürwortern der Kirchenbauten des Historismus „*Pseudosakralität*"[320] vor. „*Die sakrale Aussage eines Raumes kann verzerrt werden, ja durch Eingriffe sogar zunichte gemacht werden. Und zwar auf verschiedenste Weise*"[321]. Dieser Vorwurf klingt auf dem ersten Blick gut nachvollziehbar; und

---

319 Zur Definition der Polemik und den Umgang mit ihr siehe: Stenzel, Jürgen: Über den Umgang mit Polemik. In: *Mitteilungen der Technischen Universität Carolo-Wilhelmina zu Braunschweig*, Band 12, Heft 4/4, 1977 S. 27–29.
320 Söhngen, S. 51.
321 Söhngen, S. 51.

mit einer guten Wahrscheinlichkeit könnte dieser Vorwurf auch von der Gegenseite erhoben werden. Dennoch hat er es in sich. Denn Söhngen begründet seinen Vorwurf nicht, er stellt einfach fest. Zugleich spricht er der fachlichen Gegenseite jede Form von Sakralität, jedes Bemühen darum, jedes Fachwissen davon ab. Oskar Söhngen stellt sich qua Amt mit selbst definiertem Umfang und Kompetenz über diejenigen, die nicht seiner Meinung sind. Dieser kleine Einblick theologischer Debattenkultur zeigt aus Sicht des Verfassers deutlich: Für eine Bewertung und Einordnung scheint es mehr als notwendig, die Methoden und Wege theologischer Diskurse außer Acht zu lassen und neue Wege zu suchen.

In beiden Fallbeispielen zeigen die Analyse und Beschreibung des Theologischen Programmes zur jeweiligen Erbauungszeit[322] eine Gemeinsamkeit: Den Erbauern liegt die Entwicklung eines genuin evangelischen Baustils am Herzen, die ihre Wurzel in der Vergangenheit besitzen soll und somit die Voraussetzung für das Erblühen eines neuen Baustils besitzt. Damit handelt es sich für die Erbauer beider Pfarrkirchen um eine Art Transition, in welcher der Übergang zu einem noch zu entwickelnden genuin evangelischen Baustil vor allem inhaltlich – also in ihrem Bedeutungsgehalt – gelenkt und gestaltet wird. Der entscheidende Blick der Erbauer richtet sich also auf die Zeitlinie, die Perspektive blickt in die Vergangenheit und eröffnet sich in die Zukunft. Die entscheidende Motivation ist die Einordnung in eine Tradition. In diese greifen zwar die Architekten, Theologen und schlussendlich auch die Erbauer ordnend und bewertend ein; jedoch ordnen sich alle dieser unter, indem sie eben diese zu ihrem eigenen Standpunkt bestimmen. Die neu beschriebene Tradition ist die Referenz, nach der alles andere geordnet, bewertet und schließlich umgesetzt wird.

---

322 Vgl. Kapitel 2.2; Kapitel 3.2.

Ausgangspunkt für alle Veränderungen spätestens seit dem Ende des Zweiten Weltkrieg ist der persönliche theologische Standpunkt des Entscheidungsträgers. Maßgeblich wird hierbei also kein schlüssiges theologisches Konzept, das transparent dargelegt somit auch einer Diskussion mit Kritik offensteht. Das entscheidende Moment sind die Grundentscheidungen und Erlebensräume des Entscheidungsträgers. Inwieweit dieser Einblick in seine theologische Gesamtkonzeption gewährt, bleibt der Entscheidung des Entscheidungsträgers überlassen. Dadurch werden seine Ansichten und Überzeugungen zum alleinigen Entscheidungskriterium. Die Einordnung in eine Tradition scheint somit eine individuelle Entscheidung zu sein, ebenso, inwieweit der Entscheidungsträger Transparenz herstellt und Diskussion zulässt.

Diese Entwicklung kommt nicht überraschend. Wolfgang Lück weist auf Ergebnisse soziologischer Forschungen hin, die eindeutig die Autonomie des Individuums als zentralen Wert feststellen. Um 1900 beginnt der Wert der Autonomie des einzelnen Christenmenschen alle anderen als typisch evangelisch wahrgenommenen Werte nach und nach zu überstrahlen[323]. Mit der Aufhebung des kirchenherrlichen Regimentes 1918/19 beschleunigte sich diese Entwicklung, da nun der Staat sich nicht mehr als christliche Gemeinschaft, sondern als demokratisches und plurales Wesen begriff[324]; Kirche als nun staatsunabhängige Körperschaft *„musste fortan die Aufgaben ihrer rechtlichen Gestaltung und Verfassung selbst übernehmen"*[325]. Tragend wird hier die gemeinsame Erfahrung aller protestantischen Denominationen: *„Alle kirchlichen Bildungen haben in der Geschichte imgrunde zu*

---

323 Vgl. Lück, S. 33–34.
324 Vgl. Lück, S. 113.
325 Lück, S. 113.

viele Beschränkungen auferlegt"[326]. Nachdem im modernen Protestantismus auch kein Grundkonsens für eine einheitliche Bibelauslegung vorhanden ist[327], hat das einen nach Meinung des Verfassers erheblichen Anstieg der erlaubten und möglichen theologischen Grundentscheidungen im Protestantismus und somit auch eine fast unendlich erscheinende Auswahl an Formen und Lebensformen für die eigene Spiritualität zur Folge, denn die Autonomie des Protestanten, die nur durch das Gewissen seines Trägers vor Gott eine Grenze kennt[328], wählt sich alles selbst, entscheidet alles für sich. Zum Angebot gehören auch Traditionen. Jedoch sind diese keine Tradition im eigentlichen Sinne, denn zur Tradition gehört nach Ansicht des Verfassers das Gegebensein, der Verlust der Wahlfreiheit, der Freiheit zur Veränderung oder Anpassung der Tradition nach eigenen Kriterien, die keinen gesellschaftlichen Konsens benötigen. Nur sehr bedingt kann ein Mensch sich einer Tradition anschließen, er kann sie jedoch nicht wählen. In eine Tradition wird nach Überzeugung des Verfassers der Mensch hineingestellt, nicht sich selbst hineingewählt. So wird aus Tradition ein Modell des Erlebens und Einordnens der eigenen Wirklichkeit in ein größeres Ganzes. Das kann ich annehmen oder nicht. Und bei jedem Akt des Annehmens entweicht ein Teil dieser Tradition, sei es durch bewusste, also reflektierte Entscheidung der Nichtannahme, sei es durch Unwissenheit oder mangelnde Sach- und Fachkenntnis. Der Durchmesser unseres „Ballons" der Tradition nimmt ab.

Dadurch wird die Diskussion zwischen den Verfechtern einer Traditionslinie auf der einen Seite und den Protestanten mit einer gelebten über allem stehenden Autonomie auf

---

326 Lück, S. 113.
327 Vgl. Lück, S. 124.
328 Vgl. Lück, S. 26.

der anderen Seite zur Disputation. Während die einen sich in eine Tradition einordnen und somit vertikal, also über Generationen hinweg und verbindend, argumentieren, so argumentieren die anderen horizontal, also nur die eigene Generation im eigenen gesellschaftlichen Kontext im Mittelpunkt. Die vertikale und horizontale Argumentationsebene ergibt also nach Ansicht des Verfassers ein Kreuz, das nicht von sich aus auflösbar erscheint. Denn nur im Kreuzungspunkt beider Linien ergibt sich eine Verbindung. Und die erscheint dem Verfasser zu schwach, um ein gemeinsam von allen getragenes Ergebnis zu erreichen.

Somit ist ein Perspektivenwechsel gegeben. Die Autonomie des einzelnen Menschen, der dadurch seine Kirche, seinen Heiland in sich selbst trägt, bereitet die Entscheidungen vor, trifft sie und setzt sie um. Ein mit dieser Autonomie in theologischen und spirituellen Grundentscheidungen versehenes Individuum trifft Entscheidungen aus der Mitte seiner Selbst, aus der Kirche in ihm heraus, nicht in einen größeren Kontext eingebettet, es sei denn, er hat diesen selber erwählt. Theoretisch könnte dieser Mensch in der Tat auch Gott in der Natur finden, denn er trägt seine Kirche immer mit sich[329].

So scheint es in der ersten Inaugenscheinnahme auffallend, dass die Generationen, die herbe Kritik an der Neugotik üben, selbst kein theologisches Konzept anzubieten scheinen. Sie scheinen stattdessen offensichtlich allein nach ästhetischen und praktischen Erwägungen vorzugehen, die zum Teil durch die sehr negativ beurteilten historistischen Baustile beeinflusst sind. Veränderungen an der Kircheneinrichtung werden nur noch praktisch begründet, nicht mehr theologisch. Und doch zeigen die theologisch unreflektierten Veränderungen und Ergänzungen sehr wohl zum Teil erheblich Veränderungen in

---

329 Vgl. Lück, S. 111–113.

theologischen Grundaussagen. Den Entscheidungsträgern ist jedoch zu unterstellen, dass sie sehr wohl theologisch reflektierten und aus ihrer Sicht eine wohl abgewogene Entscheidung getroffen haben, die ihre Bedürfnisse im Rosenbergischen Sinne[330] erfüllte und somit einen inneren Stressabbau ermöglichen und für sich selbst im Inneren sorgten[331]. Das autonome Selbst und sein Wohlergehen ist das wesentliche Kriterium, nicht das Leben und Erfüllen einer Tradition. Somit sind die Entscheidungsmöglichkeiten durch den Rahmen des Entscheidungsträgers begrenzt. Je nachdem wie er seine theologischen Grundaussagen getroffen und seine Spiritualität gewählt, je nachdem wie er seine Kirche im Selbst eingerichtet hat, wie offen oder nach außen geöffnet er ist, sind seine Möglichkeiten zum Gestalten, Verbinden, ja vielleicht zur Versöhnung größer oder geringer. Somit sind die Entscheidungen über die Veränderungen der Kircheneinrichtungen nach Überzeugung des Verfassers vor allem eines: Aussagen, Einsichten und Beschreibungen über die Kirche im Selbst des Entscheidungsträgers. Die Diskussion über diese Entscheidungen, so wie sie geführt zu werden scheint, entwickelte sich somit zur Disputation oder verletzenden Polemik. Daher ist die Zusammenfassung seiner Analyse, die Rudolf Stählin mit seinem eigenen Ansatz verfolgte, zutreffend: *„Der evangelische Kirchenbau erhält seinen genuinen Typus weder durch ein theologisches Prinzip noch durch ein architektonisches Raumprogramm. Maßgebend ist der geistige Vorgang der Erbauung, der rechten Fertigung"*[332].

---

330 Vgl. Rosenberg, Marshall B: Gewaltfreie Kommunikation. Eine Sprache des Lebens. 6. Aufl. Junfermann: Paderborn 2005, S. 25; S. 115–116.
331 Vgl. Rosenberg, S. 194.
332 Stählin, Rudolf: Gibt es einen genuinen Typus des evangelischen Kirchenbaus? in: Kunst und Kirche, 29. Jahrgang, 1966, S. 99–104, S. 104.

4.3. Entwichene Tradition bleibt verloren

Die Analyse des Theologischen Programmes zum Zeitpunkt der Einweihung beider vorgestellten Kirchenbauten[333] weist auf ein Detail hin, das nach Beobachtung des Verfassers kaum Beachtung findet: Es scheint bereits im 19. Jahrhundert ein guter Teil der Traditionen entwichen zu sein. Das intensive und mit großem Fleiß geführte Ringen um die Verbindung der Gegenwart mit einer Tradition zeigt deutlich – wie bereits dargelegt[334] – das Fehlen eines Interpretationsschlüssel. Bereits im 19. Jahrhundert mussten diese hart erarbeitet werden. Der spätere Perspektivenwechsel zeigt nach Ansicht des Verfassers deutlich: Sie bleiben verloren. Eine Wiederherstellung dieser Tradition, nach Wunsch der Autoren und Vordenker des 19. Jahrhunderts die Wurzel für einen genuin evangelischen Baustil, und damit einer Tradition als Grundkonsens für den Protestantismus, ist nicht gelungen. Im Gegenteil, sie scheinen durch Zeitablauf und der kritischen bis polemischen Auseinandersetzung mit dem Historismus noch schneller entwichen und infolgedessen früher verloren zu sein. Die Versuche verschiedener in Kirche und Theologie einflussreicher Menschen, wieder eine stärkere Verbindung, ja Einheit zwischen Individuum, das auf Teile seiner Autonomie verzichten müsste, und der Kirche als Organisation herzustellen, scheiterten; stellvertretend sei hier an Dietrich Bonhoeffer erinnert, der 1928 in einer Predigt forderte, die Kirche müsse wieder *„Anliegen unseres Lebens"*[335] werden. Stattdessen zeichnen soziologische und religionssoziologische Studien ein anderes Bild. Weder Amtsträger der Körperschaft Kirche, mehrheitlich Geistliche, noch Lehrkräfte für Evan-

---

333 Vgl. Kapitel 2.2. und 3.2.
334 Siehe Kapitel 4.1.
335 Zitiert nach Lück, S. 114.

gelische Religion, scheinen sich mit der Kirche als Institution zu identifizieren; im Gegenteil scheinen diese sehr auf Distanz zu ihr zu gehen und teilweise ihre eigene theologische Identität gegen die Körperschaft Kirche auszuspielen[336]. Die kirchlichen Institutionen sowie die Kirche als Körperschaft erscheinen daher mehr als eine gewöhnlichere Arbeitgeberin denn als Ausdruck oder Ausprägung einer christlichen Lebens- oder Weggemeinschaft. Die Möglichkeiten des Wirkens werden dadurch durch individuelle Faktoren wie Formen eigener Netzwerkpflege oder die Beherrschung der Methoden für die Machtausübung bestimmt und limitiert. Tradition dagegen könnte nach Ansicht des Verfassers eine schützende Wirkung für die Menschen besitzen, die durch Herkunft oder Charakter eben nicht in der Lage sind, solche Methoden erfolgreich anzuwenden, denn sie betont das Gemeinsame und schreibt verbindliche Kriterien für das Ethos vor. Das jedoch können soziologische Untersuchungen nicht belegen. Die Tradition ist entwichen und verloren – und das bereits um 1880.

4.4. Kunstgeschichte und Denkmalpflege als Bewahrerinnen und Hüterinnen des historistischen Erbes

Das Verhältnis zwischen Denkmalpflege und kirchlichen Institutionen ist vor allem durch die Annahme der Denkmalpflege, mit den landeskirchlichen Vertretern fachlich auf gleichem Niveau zu sprechen, geprägt; das Handeln des Bayerischen Landesamtes für Denkmalpflege im Fall Höchstädt, wie es sich in der Ortsakte widerspiegelt, untermauert das eigene Erleben des Verfassers.

---

336 Vgl. Lück, S. 115–116.

Voraussetzung für ein Zusammenarbeiten auf gleichem fachlichen Niveau ist im Bereich der Denkmalpflege ein gemeinsames Anliegen: das Bewahren der Tradition, der Erhalt des Zugangs zu den Inhalten der Traditionen für die gegenwärtige und die zukünftige Generation sowie die Einbindung in die Gegenwart und deren alltägliches Bewusstsein durch sinnvolle Nutzung des Bauwerkes; der Mehraufwand, der durch einfühlsame, fachgerechte Änderung des Baukörpers erforderlich ist – zum Beispiel durch Einbau eines Fahrstuhles – bildet eine wichtige Basis für einen Konsens, der diese Zusammenarbeit auf gleichem fachlichen Niveau dokumentiert.

Es scheint ein Ergebnis dieser Untersuchung zu sein, die Existenz dieses Grundkonsenses anzuzweifeln. Denn unabdingbare Voraussetzung ist der Grundkonsens im Bereich der Kirche und Theologie über eine gemeinsame, verbindliche Traditionslinie. Diese scheint jedoch nicht erkennbar. Die bereits zitierten religionssoziologischen Untersuchungen[337] legen eine Aufgabe der Traditionslinien zugunsten eines Primates der Autonomie des Individuums in religiösen und spirituellen Fragen mehr als nahe. Selbst die verantwortliche landeskirchliche Stelle hat im Fall Höchstädt den demonstrativ vorgebrachten Hinweis des Vertreters des Bayerischen Landesamtes für Denkmalpflege[338] zurückgewiesen und sich für eine Neufassung, die *„bewusst von der bauzeitlichen Farbigkeit* [abweicht]*"*[339], ausgesprochen – ein deutliches Indiz für das Fehlen eines gemeinsamen Grundkonsenses.

Der Eindruck, dass zwischen den staatlichen Stellen der Denkmalpflege und den zuständigen verantwortlichen Stellen

---

337 Siehe Kapitel 4.1. und 4.2.
338 Vgl. Protokoll der Ortseinsicht am 28. Juli 2004, S. 1.
339 Protokoll der Ortseinsicht am 17. August 2005, S. 1.

der Landeskirchen kein Gespräch auf einheitlichem fachlichen Niveau mit gemeinsamem Ziel vorhanden sein konnte, drängte sich wohl den mit der Denkmalpflege beauftragten Stellen früh auf. So schrieb der rheinische Landeskonservator Rudolf Wesenberg den Teilnehmern des Evangelischen Kirchbautages 1963 in Essen ins Stammbuch: *„Wenn die allgemeine negative Einstellung zur Neugotik nicht bald abklingt, dann machen wir uns der Neugotik des 19. Jahrhunderts gegenüber in gleicher Weise schuldig wie seinerzeit die Neugotiker gegenüber dem Barock"*[340]. Dabei ging Rudolf Wesenberg von einem gemeinsamen fachlichen Niveau und einem gemeinsamen Anliegen aus, weswegen er die Teilnehmer des Evangelischen Kirchbautages direkt ansprechen konnte: *„Ich appelliere in diesem Zusammenhang noch einmal an Sie, gerade weil ich von Tradition spreche, den kirchlichen Bauten des 19. Jahrhunderts Ihre Beachtung zu schenken. Sie sind ein wichtiges Glied der Kontinuität, und sie sind besser als ihr Ruf, der in den letzten Jahrzehnten gedankenlos ruiniert worden ist. Die Neugotik war eben künstlerischer Ausdruck des romantischen 19. Jahrhunderts, und sie ist ein nicht weniger begründeter Zeitstil als jeder andere"*[341]. Nicht ohne selbstkritische Reflexion resümiert der rheinische Landeskonservator: *„[Die Denkmalpflege] hat aber längst eingesehen, daß das* [Entdekorieren] *falsch war,*

---

340 Wesenberg, Rudolf: Sinn und Aufgabe der kirchlichen Denkmalspflege in der Industrielandschaft. In: Arbeitsausschuß des Evangelischen Kirchbautages (Hg.): Kirchenbau in der Zivilisationslandschaft. Evangelische Kirchenbautagung in Essen 1963. Bericht über die Zwölfte Tagung für evangelischen Kirchenbau vom 6. bis 11. Juni 1963 in Essen. Bearbeitet vom Rudolf Hellwag. Friedrich Wittig: Hamburg, 1965, S. 82–103, S. 97.

341 Wesenberg, S. 101.

und sie betrachtet die Neugotik als Teil einer abgeschlossenen Kulturepoche, deren baukünstlerische Erzeugnisse historischer Denkmäler wie diejenigen älterer Perioden"[342].

Eine Revidierung dieser als *„Verfallsepoche"*[343] beurteilten Kunstepoche ist bereits zu beobachten, wenn auch offensichtlich vor allem außerhalb des kirchlichen Kontextes; so hat bereits 2001 der oberfränkische Heimatforscher Helmuth Meißner eine umfassende Dokumentation über den Evangelischen Kirchenbau im Oberfranken des 19. Jahrhunderts vorgelegt[344]. Dennoch gilt Wesenbergs Ankündigung nach Ansicht des Verfassers heute mehr als im Jahre 1963 für die landeskirchlichen Verantwortlichen: *„Wir Denkmalpfleger sind längst so weit, daß wir uns dieser Bauten annehmen, wenn wir auch oft mit den größten Widerständen zu rechnen haben"*[345]. Dieser Ankündigung, so ist der Verfasser überzeugt, ist nichts hinzuzufügen.

4.5. Dahinschwinde Tradition fokussiert auf das konstitutive Element

Beide Fallbeispiele legen nahe: Auch wenn Tradition dahinschwindet wie die Luft aus einem Ballon, ein luftleerer Raum bleibt nicht zurück. Vielmehr bieten die Entscheidungsträger, die die Veränderungen im Raumkonzept nach 1945 veranlassten, gerade im Fallbeispiel Höchstädt eigene Argumentationslinien, die auf den ersten Blick vertraut und im Einklang mit einer gewusst-gefühlten Tradition bekannt erscheinen;

---

342 Wesenberg, S. 101.
343 Seng, S. 113.
344 Vgl. Meißner, Helmuth: Bau und Ausstattung evangelischer Kirchen in Oberfranken im 19. Jahrhundert. Schulze: Lichtenfels 2001 (CHW-Monographien, 2).
345 Wesenberg, S. 98.

erinnert sei hier an den Interpretationsschlüssel, den Matthias G. Ahnert für die Osterkerze und die Menora anbietet[346]. Es entsteht also kein „Nichts", sondern etwas Neues, das vielleicht altbekannt erscheint, und das wohl oft nach einer genaueren Analyse als neu bewertet werden müsste.

Genauso wie ein Ballon, dessen Luft entschwunden ist, sich nicht aus sich selbst heraus vollständig auflöst, sondern als eine Hülle mit relativ stabiler Form bestehen bleibt, so löst sich Tradition nicht vollständig von sich aus auf. Das, was bleibt, ist die stabile Form. Diese stabile Form im Bereich des Protestantismus ist das Wort Gottes, also die Bibel als Heilige Schrift der Christenheit. Das Fehlen eines Grundkonsenses für eine einheitliche Bibelauslegung[347] bedeutet nicht die Ablehnung der Bibel als konstitutives Element des Protestantismus. Es bedeutet aus Sicht des Verfassers vor allem einen anderen, komplexeren Umgang mit der Schrift. Denn Tradition besitzt eine erleichternde Funktion: Sie schränkt mögliche Interpretationen ein und konzentriert die Diskussion auf bestimmte Themen oder Themenfelder. Vor allem die Diskussion, das Ringen über Grundsätzliches entfällt. Die Gefahr hierbei scheint jedoch die einer Diskrepanz zwischen den Anforderungen und Lebenswirklichkeiten zu sein, die die Tradition beschreibt und die ihr zugrunde liegen, und denen der Gegenwart zu liegen. Die horizontale Vermittlung erfordert das Erarbeiten aller Grundlagen und die Anwendung dessen auf die Lebenswirklichkeiten mit den ihr zugrunde liegenden gesellschaftlichen und politischen Rahmenbedingungen. Das Finden einer Position zu den prägenden Themen der jeweiligen Generation wird bei einem horizontalen Vermittlungsmodell entscheidend für eine gelungene Transition

---

346 Vgl. Kapitel 2.4.
347 Vgl. Lück, S. 124.

und damit für das Überleben hier des Protestantismus in der darauffolgenden Generation.

Sollte die Bibel weiterhin das konstitutive Element des Protestantismus sein, so bedeutet das: Ohne die Interpretationsschlüssel, die die Tradition anbietet, bleibt allein das Wort Gottes. Jede Generation muss neu anfangen, das Wort Gottes für sich begreifbar zu erarbeiten, Kriterien aufzuzeigen und ohne Kalkül auf die dann diskutierten gesellschaftlichen Aufgabenstellungen anzuwenden. Die Verantwortung steigt, denn Autonomie kennt nur den Träger der Autonomie als Verantwortlichen; ein Verweis auf die Verantwortung durch die Altvorderen, wer auch immer diese sein mögen, in Rahmen einer Tradition widerspricht der soziologisch beschriebenen Autonomie des Individuums[348]. Am Ende steht und fällt der Protestantismus, das Evangelischsein, mit der Interpretation des Wortes Gottes.

Es bleibt eine innerevangelische Angelegenheit, die Fragen nach der Form, dem Ort, dem Wert theologischer Methodik gerade im Lichte der weltlichen Methodenkritik zu beantworten. Doch ist der Verfasser überzeugt, dass hier im Bereich des Protestantismus ein Modell vorzuliegen scheint, das bereits auch eine weltlich-gesellschaftliche Aufgabenstellung beschreibt. Nicht erst seit der sogenannten „Flüchtlingskrise" 2015 stehen bis dahin als Grundkonsens gehaltene demokratische Werte wie Umgang mit Flüchtlingen im Rahmen der bundesdeutschen Auffassung der Menschenrechte, Pluralismus und parlamentarische Demokratie in der Kritik. Bereits Ende der 1990er Jahre wurde im Rahmen der politischen Bildung an bayerischen Schulen die Frage nach Wertewandel und Autonomie des Individuums gestellt und diskutiert. So beschreibt Rolf Heiderich mit Verweis auf Helmut Klages

---

348 Siehe Kapitel 4.2.

Ursachenkatalog für den 1988 durch diesen geprägten Begriff des „*Wertewandels*"[349] als wesentlich unter anderem das gesteigerte Bedürfnis nach Verwirklichung als autonome Person; eine geringe Bereitschaft zur bedingungslosen Identifikation mit sozialen Gebilden und Institutionen; eine Neigung zur Beurteilung öffentlicher Dinge nach persönlichem Nutzwert sowie eine sinkende Bereitschaft zur Übernahme von Pflichten und Erbringung von Leistungen ohne eine Motivation aus persönlicher Einsicht und Überzeugung[350]. Die horizontale Vermittlung erscheint auf dem ersten Blick angemessener, weil generationsgerechter; doch die gesellschaftlichen Diskussionen und als politischer Zäsur empfundene Vorgänge nach der Wahl zum 19. Deutschen Bundestag 2017 zeigen nach Ansicht des Verfassers auch: Sie ist ein Vorgang mit offenem Ergebnis, der durch gesellschaftliche Gruppen und Interessenvertretungen gleich welcher Art auch immer nicht so beherrschbar bleibt, wie es in den Zeiten davor gewesen zu sein scheint. Eine dahinschwindende Tradition fokussiert auch hier auf das konstitutive Element. Insofern scheint der in diesen Fallbeispielen analysierte Vorgang innerhalb des Protestantismus ein mögliches Modell für die gegenwärtigen gesellschaftlichen Umbrüche zu sein, die wir zu erleben meinen.

---

349 Vgl. Heiderich, Rolf; Rohr, Gerhart: Wertewandel. Aufbruch ins Chaos oder neue Wege? Olzog: München 1999, S. 66.
350 Vgl. Heiderich, S. 67.

5. Zusammenfassung mit Ausblick

Die Befunde beider Fallbeispiele zeigen eindeutig ein Theologisches Programm zum Zeitpunkt der jeweiligen Einweihung, das hinter der Einrichtung der Kirche steht. Hier scheint die Regel angewendet worden zu sein, dass eine Kirche von innen nach außen hin zu bauen sei, *„denn sie ist nicht für ihre Beschauer, sondern für ihre Besucher erbaut"*[351]. Moritz Meurer schreibt es der Bauherrin ins Stammbuch: *„Das ist eben der Unterschied zwischen dem griechischen Tempel und der christlichen Kirche [...]: jener ist ausschließlich Außenbau, diese vorzugsweise Innenbau, entsprechend der heidnischen und christlichen Geistesrichtung"*[352]. Die Entwicklung sowohl im nicht umgesetzten Neubauprojekt unter Einbezug des Turmstumpfes in Höchstädt i. Fichtelgebirge als auch in Wirbenz zeigt eindeutig, dass die Krone bemüht war, eigene Anschauungen einfließen zu lassen. Sie ließ in Wirbenz Formen und Konzepte des Barocks, die eher das Ständische betonen (z. B. die Grundform eines griechischen Kreuzes nach Vorbild der Ordenskirche in Bayreuth – St. Georgen[353], eingeweiht 1711) in die Neugotik einfließen, die eher das bürgerlich-demokratische Gesellschaftsbild repräsentieren möchte. Ein moderner Baustil soll entstehen, der Tradition in der Moderne integrieren und erfahrbar machen wollte; der aber auch gleichzeitig sein eigenes ständisch geprägtes

---

351 Meurer, S. 106.
352 Meurer, S. 106.
353 Freundliche Auskunft Michael Andreas Schmid mittels des Manuskriptes: Die evangelische Kirche von Wirbenz – eine Würdigung aus kunsthistorischer Sicht (2006 – unveröffentlicht).

Herrschaftsbild durch die Einordnung in eine Tradition legitimieren und als zukunftstragend darstellen möchte.

Auch wenn festzustellen ist, „*dass viele Menschen innerhalb und außerhalb der christlichen Gemeinde das Bild einer sozusagen ‚richtigen Kirche' von der Neugotik des 19. Jahrhunderts ablesen*"[354], so ist auffallend, dass die Generationen, die herbe Kritik an der Neugotik üben, selbst kein theologisches Konzept im Sinne einer vertikal vermittelten Tradition anbieten. Sie entscheiden aus ihrer eigenen Autonomie des Individuums heraus; somit wurde ein Perspektivenwechsel vollzogen, der von Disputation bis hin zu Polemik provoziert, da die eigenen Entscheidungen und die Einbindung in die autonom vollzogenen theologischen und ästhetischen Grundentscheidungen intransparent bleiben, vor allem, wenn sie nur praktisch begründet werden. Diese Veränderungen und Ergänzungen haben sehr wohl zum Teil erheblich Veränderungen in theologischen Grundaussagen zur Folge. Die Fallbeispiele zeigen: Eine Änderung des ekklesiologisch begründeten Gesellschaftsbildes bedeutet nicht die Notwendigkeit eines Neubaues; kleine Veränderung an den entscheidenden Stellen können schon bestehende Entscheidungen ins Gegenteil verkehren.

Beide Fallspiele legen nahe, dass der Beginn des Traditionsverlustes bereits im 19. Jahrhundert zu vermuten ist. Die vertikale Vermittlung möglicher Grundentscheidungen, begünstigt durch den immer stärker werdenden Primat der

---

354 Lilje, Hanns: Tradition und Aufbruch im evangelischen Kirchenbau. In: Johnson, Hartmut (Hrsg.): Tradition und Aufbruch im evangelischen Kirchenbau. Evangelische Kirchenbautagung in Hannover 1966. Bericht über die Dreizehnte Tagung für evangelischen Kirchenbau vom 3. bis 8. Juni 1966 in Hannover. Friedrich Wittig: Hamburg 1967, S. 18–27, S. 19.

Autonomie des Individuums in theologischen und spirituellen Fragestellungen, zeigt, dass mit jeder Generation, später mit jedem neuen Entscheidungsträger ein Teil der Tradition verloren geht, so wie die Luft aus einem Ballon zuerst unbemerkt, gegen Ende unübersehbar entweicht. Insbesondere der um 1960 beginnende Zeitraum scheint zu zeigen, dass Frömmigkeit bzw. Glauben deutlich erkennbar nicht mehr automatisch einen klaren Ausdruck in der Spiritualität besitzen, sondern auch jahrhundertealte, wenn nicht jahrtausendealte Symbolik und künstlerische Kommunikationsformen verloren haben. Versuche, diese wieder zu entdecken und ihnen einen prägenden Platz in der Lebenswirklichkeit zu sichern, scheinen im deutschen Protestantismus für immer gescheitert zu sein.

Eine dahinschwindende Tradition legt das konstitutive Element frei und fokussiert auf dieses. An beiden Orten blieb eine Kirche erhalten, die mehr als ein Objekt historischer und kunsthistorischer Forschung ist. Sie ist Ausdruck einer Generation, die ihren Weg in die Moderne suchte ohne die Tradition ihres Glaubens und ihrer Kultur zu vergessen. Hüterinnen dieses Ausdruckes sind inzwischen allein die Kunstgeschichte und die Denkmalpflege. Sie können in beschränktem Maße die Frömmigkeit der Altvorderen in die Gegenwart überführen, damit sie den Nachfolgenden erhalten bleibt – als Beispiel ihrer Frömmigkeit.

Die Fokussierung auf das konstruktive Element des Protestantismus birgt die Möglichkeit, Antworten auf gesellschaftliche Fragen neu zu entwickeln, da ein Interpretationsschlüssel in jeder Generation neu entwickelt werden muss. Die Zukunftsfähigkeit liegt aus Sicht des Verfassers entscheidend in der Organisation dieses Prozesses und seiner anschließenden Einbringung in die gesellschaftliche Diskussion und Lebenswirklichkeit. Das Wort Gottes als konstitutives Element wird bleiben, wie die Hülle eines Ballons nach größtmöglicher

Entleerung seine eigentliche Form erhält. Ansätze in diese Richtung sind bereits um die Jahrtausendwende im angelsächsischen Kontext zu finden[355]. Dieser Vorgang kann ein Beispiel für den Wertewandel in unserer bundesdeutschen Gesellschaft und ihrem politischen System werden. Für beide gilt: Beide entscheiden selbst über Bedeutung und ihren Untergang, wie es zum Wesen einer Autonomie gehört. Sollte einer von beiden sich für einen Weg entscheiden, der zum Untergang führt, so scheint aus diesen beiden Fallbeispielen festgestellt werden zu können: Nach dem Untergang kommt etwas Neues, das im Sinne einer pluralen Gesellschaft zuerst ebenso berechtigt ist wie das Vorhergegangene. Die Autonomie lässt keine Leerräume entstehen. Für Kirche und Theologie gilt daher nach Überzeugung des Verfassers dasselbe wie für gesellschaftliche Prozesse: Das Ende des Alten geht dem Anfang des Neuen unmittelbar voraus. Und beides ist weder besser noch schlechter, sondern nur anders. Und das ist einfach nur gut.

---

355 Vgl. hierzu Hays, Richard B.: The Moral Vision of the New Testament. Community, Cross, New Creation. A Contemporary Introduction to New Testament Ethics. T&T Clark: Edinburgh 1997. Richard B. Hays stellt hier einen Diskussionsbeitrag vor, der die in den USA intensiv diskutierte Themen mittels Fallstudien betrachtet.

Literatur- und Quellenverzeichnisse

Quellen

Lutherbibel (LUT): Die Bibel nach der Übersetzung Martin Luthers. Deutsche Bibelgesellschaft: Stuttgart; Revisionen 1956/64 & 2017.

Archiv Bayerisches Landesamt für Denkmalpflege (BLfD), Außenstelle Oberfranken; Ortsakte Höchstädt i. Fichtelgebirge, Von-Waldenfels-Platz 1.

- Akt „Anbringung von II. Gruftplatten: Plan mit Fotos" [ohne Beschrieb].
- „Bericht zur Renovierung und Wiedererrichtung zweier Epitaphe in Höchstädt/Ofr." des Bildhauers Thomas Leitherer (Breitengüßbach) vom 2. November 1993.
- Glässel, S[iegfried] G.: Kirchhofeinfriedung an der Evang.-Luth. Kirche in Höchstädt, Landkreis Wunsiedel. Festgestellter Zustand (Dokumentation) von Dezember 1989, Teilstück nord.
- Glässel, S[iegfried] G.: Kirchhofeinfriedung an der Evang.-Luth. Kirche in Höchstädt, Landkreis Wunsiedel. Festgestellter Zustand (Dokumentation) von Mai 1996, Teilstück ost und süd.
- Protokoll der Ortseinsicht am 28. Juli 2004, Landratsamt Wunsiedel i. Fichtelgebirge, 30. Juli 2004.
- Protokoll der Ortseinsicht am 23. Juni 2005, Landratsamt Wunsiedel i. Fichtelgebirge, 30. Juni 2005.
- Protokoll der Ortseinsicht am 17. August 2005, Landratsamt Wunsiedel i. Fichtelgebirge, 26. August 2005.

Bayerisches Hauptstaatsarchiv (BayHStA)

Kriegsministerialerlass Nr. 7633 vom 14. August 1838, BayHStA Kriegsministerium 2596.

Pfarrarchive (PfA). Sofern nichts anderes angegeben befinden sich die Archivalien in der Obhut des Landeskirchlichen Archivs der Evangelisch-Lutherischen Kirche in Bayern, Nürnberg (LAELKB).

PfA Höchstädt Nr. 54, 57, 58, 174, 176, 181a.

PfA Höchstädt, ohne Nummer (in Obhut der Evang.-Luth. Kirchengemeinde Höchstädt i.F.).

PfA Höchstädt, Sammlung Ulrich Berendes, ohne Nummer (in Obhut der Evang.-Luth. Kirchengemeinde Höchstädt i.F.).

PfA Wirbenz Nr. 255.

Literatur

Ahnert, Matthias G.: Kirchen- und Pfarrerchronik aus sieben Jahrhunderten. In: Höchstädt i.F. 1298–1998 700 Jahre. Unter Mitarbeit von Joachim Rohrer. Eigenverlag der Gemeinde Höchstädt i.F.: Höchstädt i.F. 1998, S. 111–148.

Ahnert, Matthias G.: In der Kirche grüßt ein neues Gesicht – aus der Vergangenheit. in: Kirchennachrichten Peter und Paul Höchstädt, Pfingsten und Trinitatiszeit 2002, o.S. [S. 12], zitiert als Ahnert 2002a.

Ahnert, Matthias G.: Ohne Titel [Abschied]; in: Höchstädter Kirchen-Nachrichten Peter und Paul, Sommer und Herbst 2002, o.S. [S. 2], zitiert als Ahnert 2002b.

Anonymus: [Bericht ohne Titel in der Rubrik „Vermischtes" mit der Ortsmarke „Höchstädt im Fichtelgebirge"[356]]. In: Süddeutsche Land=Post Nr. 140 vom 29. November 1887, o.S.

Anonymus (Fr K): [Bericht ohne Titel in der Rubrik „Lokales und aus dem Kreise" mit der Ortsmarke „Höchstädt bei Wunsiedel"]. In Hofer Anzeiger – Tagblatt für Hof und Umgegend. Nr. 281 vom 29. November 1887.

Bartning, Otto: Das radikale Bauprogramm der protestantischen Kirche. Erschienen 1919. In: Siemon, Alfred (Hrsg.): Bartning, Otto: Vom Raum der Kirche. Aus Schriften und Reden ausgewählt und eingeleitet von Alfred Siemon. FS Otto Bartning (75. Geb.). Gebr. Rasche & Co.: Bramsche bei Osnabrück 1958 (Baukunst des 20. Jahrhunderts. Quellen und Monographien, Forschungen und Berichte, 2), S. 47–65.

Beier, Peter: Über die Schwierigkeiten der Protestanten, mit Räumen umzugehen. In: Bürgel, Rainer (Hrsg.): Raum und Ritual. Kirchbau und Gottesdienst in theologischer und ästhetischer Sicht. Vandenhoeck & Ruprecht: Göttingen, S. 39–45.

Best, Heinrich/Weege, Wilhelm: Biographisches Handbuch der Abgeordneten der Frankfurter Nationalversammlung 1848/49. Droste: Düsseldorf 1996 (Handbücher zur Ge-

---

356 Die Ortsmarke der Pressemeldung ist bemerkenswert, da der Ort erst seit 1995 amtlich den Namen „Höchstädt i. Fichtelgebirge" trägt (vorher amtlich: Höchstädt b. Thiersheim), vgl. Heyl, Stephanie: Gemeinde Höchstädt i. Fichtelgebirge. in: Bayerns Gemeinden. Wappen, Geschichte, Geografie. Haus der Bayerischen Geschichte: Augsburg, https://www.hdbg.eu/gemeinden/web/index.php/detail?rschl=9479126 (zuletzt aufgerufen am 16. Februar 2018);

schichte des Parlamentarismus und der politischen Parteien, 8).

Boisserée, Sulpiz: Geschichte und Beschreibung des Doms von Köln [gekürzt, kommentiert durch Harold Hammer-Schenk], in Hammer-Schenk, Harold: Kunsttheorie und Kunstgeschichte des 19. Jahrhunderts in Deutschland. Texte und Dokumente, Bd. 2. Architektur, Reclam: Stuttgart 1985 (Universal-Bibliothek, 7889), S. 47–56.

Bürkner, Richard: Grundriß des deutsch-evangelischen Kirchenbaues. Vandenhoeck & Ruprecht: Göttingen 1899.

Childe, V. Gordon: New Light on the most ancient East. 4th Ed. Grove Press: New York, o. J. [1958].

Damblon, Albert: Ab-kanzeln gilt nicht. Zur Geschichte und Wirkung christlicher Predigtorte. LIT: Münster et al. 2003.

Ellwardt, Kathrin: Evangelischer Kirchenbau in Deutschland. Imhof: Petersberg 2008 (Imhof Kulturgeschichte).

Endres, Franz Carl: Mystik und Magie der Zahlen. 3., überarb. u. verm. Aufl. Rascher: Zürich 1951.

Evangelisches Gesangbuch. Antwort finden in alten und neuen Liedern, in Worten zum Nachdenken und Beten. Ausgabe für die Evangelisch-Lutherischen Kirchen in Bayern und Thüringen. München: Evang. Presseverband für Bayern e. V. 1994

Fechtner, Kristian: Kerze. In: Betz, Hans Dieter (Hrsg.): Religion in Geschichte und Gegenwart, Bd. 4., 4., völlig neu bearb. Aufl. Mohr Siebeck: Tübingen 2001, col. 938–939.

Fekete, Julius: Denkmalpflege und Neugotik im 19 Jahrhundert, dargestellt am Beispiel des Alten Rathauses in München. Kommissionsbuchhandlung R. Wölfle: München 1981 (Miscellanea Bavarica Monacensia; Heft 96 = Neue Schriftenreihe des Stadtarchivs München, Band 117).

Fielhauer, Hannelore: Die Kerze. Ein Lichtblick der Kulturgeschichte. Schendl: Wien 1987.

Fuchs, Friedrich: Das Hauptportal des Regensburger Domes. Portal, Vorhalle, Skulptur. Schnell & Steiner: München et al. 1990 (Kataloge und Schriften/Kunstsammlungen des Bistums Regensburg, 9).

Galbreath, Donald L[indsay]/Jéquier, Léon: Lehrbuch der Heraldik. Battenberg: München 1978.

Goethe, Johann Wolfgang von: Von deutscher Baukunst. In: Herder, Johann Gottfried von (Hrsg.): Von deutscher Art und Kunst [1773]. Einige fliegende Blätter. Unter Mitarbeit von Hans Dietrich Irmscher. Bibliogr. erg. Ausg. Reclam: Stuttgart 1988 (Reclams Universal-Bibliothek, 7497), S. 95–104.

Grafe, Dirk: Eine feste Burg ist unser Gott. Die evangelisch-lutherische St.-Johannis-Kirche zu Wirbenz und ihre Tochterkirchen. EK Service: Saarbrücken 2007.

Grentzschel, Matthias: Kirchenraum und Ausstattung im 19. Jahrhundert. Untersuchungen zur bildkünstlerischen Ausstattung evangelisch-lutherischer Kirchenbauten des 19. und frühen 20. Jahrhunderts in Sachsen. Peter Lang: Frankfurt/Main et al. 1989 (Europäische Hochschulschriften, Reihe 28 Kunstgeschichte, Band 95).

Gruber, [Franz Friedrich Wilhelm]: Predigt bei der Einweihung der neuerbauten protestantischen Kirche in Wirbenz am 4. Juni 1905. J.M. Weyh: Kemnath 1905.

Hammer-Schenk, Harold: Art. Kirchenbau, IV. 19. und frühes 20. Jahrhundert. In: Gerhard Müller (Hrsg.): Theologische Realenzyklopädie. Bd. 18., Katechumenat, Katechumenen – Kirchenrecht. Walter de Gruyter: Berlin et al. 1989, S. 498–514.

Hammerschmidt, Valentin: Anspruch und Ausdruck in der Architektur des späten Historismus in Deutschland (1860–1914). Peter Lang: Frankfurt am Main et al. 1985.

Harnack, Theodosius: Praktische Theologie. 1. Theil: Einleitung und Grundlegung der Praktischen Theologie, Theorie und Geschichte des Cultus. Deichert: Erlangen 1877.

Haussig, Hans Wilhelm (Hrsg.): Götter und Mythen im Vorderen Orient. Ernst Klett: Stuttgart 1965 (Wörterbuch der Mythologie. Abteilung 1: Die alten Kulturvölker. Band 1).

Hays, Richard B.: The Moral Vision of the New Testament. Community, Cross, New Creation. A Contemporary Introduction to New Testament Ethics. T&T Clark: Edinburg 1997

Hederer, Oswald: Die Ludwigskirche in München. Geschichte und Führung. 2., völlig neubearb. Aufl. Schnell & Steiner: München et al. 1977 (Große Kunstführer, 9).

Heiderich, Rolf/Rohr, Gerhart: Wertewandel. Aufbruch ins Chaos oder neue Wege? Olzog: München 1999.

Heinig, Anne: Die Krise des Historismus in der deutschen Sakraldekoration im späten 19. Jahrhundert. Schnell & Steiner: Regensburg 2004.

Högg, Emil: Kriegergrab und Kriegerdenkmal. Ziemsen: Wittenberg 1915 (Die Bücher der Kirche, 7).

Hollenweger, Walter J.: Raum und liturgische Handlungen aus evangelischer Sicht. In: Bürgel, Rainer (Hrsg.): Raum und Ritual. Kirchbau und Gottesdienst in theologischer und ästhetischer Sicht. Vandenhoeck & Ruprecht: Göttingen 1994, S. 47–55.

Huber, Brigitte: Das Neue Rathaus in München. Georg Hauberrisser (1841–1922) und sein Hauptwerk.: Dölling und Galitz: Ebenhausen bei München 2005.

Jakobs, Hermann: Kirchenreform und Hochmittelalter. 1046–1215. 4. Aufl. Oldenbourg: München 1999 (Oldenbourg Grundriss der Geschichte, 7).

Kaiser, Paul: Das sogenannte Eisenacher Regulativ von 1861: ein kirchenrechtliches Phantom. In: Raschzok, Klaus/ Sörries, Reiner (Hrsg.): Geschichte des protestantischen Kirchenbaues. Festschrift für Peter Poscharsky zum 60. Geburtstag. In Auftrag gegeben vom Verein für Christliche Kunst in der Evangelisch-Lutherischen Kirche in Bayern. Junge & Sohn: Erlangen 1994.

Kantzenbach, Friedrich Wilhelm: Programme der Theologie. Denker, Schulen, Wirkungen; von Schleiermacher bis Moltmann. 2. Aufl. Claudius: München 1978.

Katechismus der Katholischen Kirche. Kompendium. Libr. Ed. Vaticana. München, Pattloch: Rom 2005.

Keller, Harald: Goethes Hymnus auf das Straßburger Münster und die Wiederentdeckung der Gotik im 18. Jahrhundert. 1872/1972. Vorgetragen am 5. November 1973. In: Bayerische Akademie der Wissenschaften, Philosophisch-Historische Klasse, Sitzungsberichte (4) 1974, S. 4–81.

Kersten, Jacqueline: Die altorientalische Inanna/Ištar als Vorbild der Aphrodite. In: Seifert, Martina (Hrsg.): Aphrodite. Herrin des Krieges, Göttin der Liebe. von Zabern: Mainz am Rhein 2009, S. 27–45.

Klenze, Leo von: Anweisung zur Architectur des christlichen Cultus. Selbstverlag: München 1822.

Koch, Jörg: Von Helden und Opfern. Kulturgeschichte des deutschen Kriegsgedenkens. Wissenschaftliche Buchgesellschaft: Darmstadt 2013.

Kressel, Hans: Das Schweigen in der lutherischen Theologie. In: Monatsschrift für Gottesdienst und kirchliche Kunst (Nr. ¾,) 1941, o.S.

Kressel, Hans: Die Liturgik der Erlanger Theologie. Ihre Geschichte und ihre Grundsätze. Vandenhoeck & Ruprecht: Göttingen 1946.

Laipple-Fritzsche, Gabriela: Mittelalterliche Glasmalerei im Bistum Regensburg. In: Morsbach, Peter (Hrsg.): 1250 Jahre Kunst und Kultur im Bistum Regensburg. Berichte und Forschungen. Schnell & Steiner: München, Zürich 1989 (Kunstsammlungen des Bistums Regensburg, Diözesanmuseum Regensburg – Kataloge und Schriften, 7), S. 261–281.

Lange, Ernst: Chancen des Alltags. Überlegungen zur Funktion des christlichen Gottesdienstes in die Gegenwart. Kaiser: München 1984 (Lese-Zeichen, 4).

Langmaack, Gerhard: Evangelischer Kirchenbau im 19. und 20. Jahrhundert. Geschichte – Dokumentation – Synopse. Johannes Stauda: Kassel 1971.

Lilje, Hanns: Tradition und Aufbruch im evangelischen Kirchenbau. In: Johnson, Hartmut (Hrsg.): Tradition und Aufbruch im evangelischen Kirchenbau. Evangelische Kirchenbautagung in Hannover 1966. Bericht über die Dreizehnte Tagung für evangelischen Kirchenbau vom 3. bis 8. Juni 1966 in Hannover. Friedrich Wittig: Hamburg 1967, S. 18–27.

Loewenthal, Elena: Judentum. Scherz: Bern et al. 1998.

Löhe, Wilhelm: Der evangelische Geistliche. Liesching: Stuttgart 1858.

Lorz, Jürgen (Hrsg.): Das Augsburger Bekenntnis. Studienausgabe. Vandenhoeck & Ruprecht: Göttingen 1980.

Lubahn, Erich (1985): Judenmission in heilsgeschichtlicher Sicht. In: Kremers, Heinz/Lubahn, Erich (Hrsg.): Mission an Israel in heilsgeschichtlicher Sicht. Neukirchener: Neukirchen-Vluyn, S. 92–103.

Lück, Wolfgang: Lebensform Protestantismus. Reformatorisches Erbe in der Gegenwart. W. Kohlhammer: Stuttgart et al. 1992.

Luther, Martin: Deudsch Catechismus (Der große Katechismus) 1529 in: Luther, Martin: Werke. Kritische Gesamtausgabe (Weimarer Ausgabe). Unveränderter Nachdruck 1966 der bei Hermann Böhlaus Nachfolger, Weimar, erschienenen Ausgabe. Band 30, Teilband 1, Akademische Druck- und Verlagsanstalt: Graz 1964, S. 123–238.

Luther, Martin: Von Ordnung Gottesdiensts in der Gemeine (1523) in: Luther, Martin: Werke. Kritische Gesamtausgabe (Weimarer Ausgabe). Unveränderter Nachdruck 1966 der bei Hermann Böhlaus Nachfolger, Weimar, erschienenen Ausgabe. Band 12, Akademische Druck- und Verlagsanstalt: Graz 1966, S. 31–37.

Meißner, Helmuth: Bau und Ausstattung evangelischer Kirchen in Oberfranken im 19. Jahrhundert. Schulze: Lichtenfels 2001 (CHW-Monographien, 2).

Meurer, Moritz: Der Kirchenbau vom Standpunkte und nach dem Brauche der lutherischen Kirche. Geistlichen, Kirchenpatronen und Kirchenvorständen zur Orientierung dargeboten. Dörffling und Franke: Leipzig 1877.

Meyer, Heinz/Suntrup, Rudolf: Lexikon der mittelalterlichen Zahlenbedeutungen. Wilhelm Fink: München 1987 (Münstersche Mittelalter-Schriften, Bd. 56).

Milde, Kurt: Neorenaissance in der deutschen Architektur des 19. Jahrhunderts. Grundlagen, Wesen und Gültigkeit. VEB Verlag Kunst: Dresden 1981.

Oswald, Gert: Lexikon der Heraldik. Bibliographisches Institut: Mannheim et al. 1984.

Rickert, Arnold: Taufstein, Altar und Kanzel. Ihre Ordnung und Einordnung in den gottesdienstlichen Raum. In: Arbeitsausschuß des Evangelischen Kirchbautages (Hrsg.):

Evangelische Kirchenbautagung Erfurt 1954. Evangelische Kirchenbautagung Karlsruhe 1956. Siebte und achte Tagung für evangelischen Kirchenbau., Heyer, Walter (Bearbeiter), o. O. o. J. [1957], S. 225–242.

Rohrer, Joachim G. Fr.: Aus den Protokollbüchern der politischen Gemeinde 1954 bis 1997. In: Höchstädt i.F. 1298–1998: 700 Jahre. Unter Mitarbeit von Joachim Rohrer. Eigenverlag der Gemeinde Höchstädt i.F.: Höchstädt i.F. 1998, S. 93–110.

Röhrer-Ertl, Olav: Über magische Bedeutungen und Sinngehalte des Zeichen-beschrifteten Ringes von Paußnitz. In: Jahresschrift für mitteldeutsche Vorgeschichte, Band 87 (2003), S. 124–138.

Rosenberg, Marshall B: Gewaltfreie Kommunikation. Eine Sprache des Lebens. 6. Aufl. Junfermann: Paderborn 2005

Schmidt, Mathias R./Schmidt, Tanja-Gabriele: Rettet die Nacht! Die unterschätzte Kraft der Dunkelheit – Die Folgen der Lichtverschmutzung für Mensch und Natur. München: Riemann: München 2016.

Schuster, Georg: Die geheimen Gesellschaften, Verbindungen und Orden. [Nachdruck, zwei Bände in einem Band] 3. Aufl. fourier: Wiesbaden 1995.

Sczesny, Marina: Leo von Klenzes „Anweisung zur Architectur des christlichen Cultus". München, Univ., Philos. Fak., Diss., 1974. Ludwig-Maximilians-Universität, München.

Seng, Eva-Maria: Der Evangelische Kirchenbau im 19. Jahrhundert. Die Eisenacher Bewegung und der Architekt Christian Friedrich von Leins. Ernst Wasmuth: Tübingen 1995 (Tübinger Studien zur Archäologie und Kunstgeschichte, 15).

Söhngen, Oskar: Kirchlich bauen. Eine Handreichung für Architekten, Pfarrer und Kirchenälteste. Gütersloher Verlagshaus Gerd Mohn: Gütersloh, 1962.

Stadtarchiv München (Hrsg.): Häuserbuch der Stadt München. Band I: Graggenauer Viertel. Oldenbourg: München 1958.

Stählin, Rudolf: Gibt es einen genuinen Typus des evangelischen Kirchenbaus? in: Kunst und Kirche 29. Jahrgang 1966, S. 99–104.

Stark, Harald: Die älteste Zeit von Hestet – Höchstädt. In: Höchstädt i.F. 1298–1998: 700 Jahre. Unter Mitarbeit von Joachim Rohrer. Eigenverlag der Gemeinde Höchstädt i.F.: Höchstädt i.F. 1998.

Stenzel, Jürgen: Über den Umgang mit Polemik. In: Mitteilungen der Technischen Universität Carolo-Wilhelmina zu Braunschweig, Band 12, Heft 4/4, 1977 S. 27–29.

Tacke, Wilhelm: Das Neue Rathaus in Bremen. Oder: Wie kommt der Sündenfall über das Portal? Edition Temmen: Bremen, 2013.

Treitinger, Otto: Die oströmische Kaiser- und Reichsidee nach ihrer Gestaltung im höfischen Zeremoniell. Vom oströmischen Staats- und Reichsdenken. Reprografischer Nachdruck der 3., unveränd. Aufl. Gentner: Bad Homburg v.d.H. 1969.

Turtur, Ludwig/Bühler, Anna Lore: Geschichte des protestantischen Dekanates und Pfarramtes München 1799–1852. Ein Beitrag zur bayerischen Religionspolitik des 19. Jahrhunderts. Selbstverlag des Vereins für Bayerische Kirchengeschichte: Nürnberg 1969 (Einzelarbeiten aus der Kirchengeschichte Bayerns, 48).

Vogt, Arnold: Kriegerdenkmäler und Mahnmäler. Überregionale Rahmenbedingungen und Strukturen ihrer Errichtung und Gestaltung in Westfalen und Lippe. In: Westfälische Forschungen. Mitteilungen des Provinzialinstituts für Westfälische Landes- und Volksforschung des Landschaftsverbandes Westfalen-Lippe, Bd. 37 (1987), S. 23–57.

Voith von Voithenberg, Hans Freiherr von: Das Ritterlehen Göppmannsbühl, in: Archiv für Geschichte von Oberfranken, Band 54 (1974), S. 191–242.

Volp, Rainer: Liturgik. Die Kunst, Gott zu feiern. Band 1: Einführung und Geschichte. Gütersloh: Gütersloher Verlagshaus Gerd Mohn: Gütersloh 1992.

Wachinger, Reinhard: Zur Baugeschichte der Höchstädter Kirche von 1887. In: Festschrift zum 100jährigen Jubiläum der Kirche in Höchstädt 1887–1987. Selbstverlag: Höchstädt i.F. 1987, S. 30–37.

Wesenberg, Rudolf: Sinn und Aufgabe der kirchlichen Denkmalspflege in der Industrielandschaft. In: Arbeitsausschuß des Evangelischen Kirchbautages (Hg.): Kirchenbau in der Zivilisationslandschaft. Evangelische Kirchenbautagung in Essen 1963. Bericht über die Zwölfte Tagung für evangelischen Kirchenbau vom 6. bis 11. Juni 1963 in Essen. Bearbeitet vom Rudolf Hellwag. Friedrich Wittig: Hamburg, 1965, S. 82–103.

Wiegering, Kurt: Vom evangelischen Gottesdienstraum. In: Arbeitsausschuß des Evangelischen Kirchbautages (Hrsg.): Evangelische Kirchenbautagung Erfurt 1954. Evangelische Kirchenbautagung Karlsruhe 1956. Siebte und achte Tagung für evangelischen Kirchenbau., Heyer, Walter, Bearb., o.O. o.J. [1956], S. 243–258.

Elektronische Ressourcen

Artikel „sacristy" in: Encyclopædia Britannica from Encyclopædia Britannica Premium Service. Online verfügbar unter http://www.britannica.com/eb/article?tocId=9064675, zuletzt aufgerufen am 16. Mai 2005).

Artikel „Sakristei" in: Brockhaus in 15 Bänden. Permanent aktualisierte Online-Auflage. © Bibliographisches Institut & F. A.

Brockhaus AG: Mannheim, 2002, 2003, 2004 (zuletzt aufgerufen am 16.05.2005).

Artikel „Sakristei", in: Wikipedia. Die Freie Enzyklopädie. Online verfügbar unter http://de.wikipedia.org/wiki/Sakristei, zuletzt geändert am 12. November 2017, Änderungs-ID 170935287 (zuletzt aufgerufen am 3. Januar 2017); Version vom 16. Dezember 2016, Änderungs-ID 160667756 (zuletzt aufgerufen am 3. Januar 2017).

Evangelisch-lutherische Peter-und-Paul-Kirche: Fotografien: http://hoechstaedt-evangelisch.de/Kirche/ (zuletzt aufgerufen am 27. Dezember 2017); http://www.95186-hoechstaedt.de/verzeichnis/objekt.php?mandat=87839 (zuletzt aufgerufen am 27. Dezember 2017).

Heyl, Stephanie: Gemeinde Höchstädt i. Fichtelgebirge. in: Bayerns Gemeinden. Wappen, Geschichte, Geografie. Haus der Bayerischen Geschichte: Augsburg, https://www.hdbg.eu/gemeinden/web/index.php/detail?rschl=9479126 (zuletzt aufgerufen am 16. Februar 2018).

Abbildungsverzeichnis mit Bildnachweisen

Zeichnungen 1 bis 4: Beziehungszusammenhänge in der Chorapsis Höchstädt i.F. Alle CAD-Zeichnungen stammen von Claas Brandes, Stuhr-Brinkum;

Abbildung 1: Chorapsis um 1920. An den Wänden und an der Kanzel sind Ehrenkränze für die Gefallenen des Ersten Weltkrieges zu erkennen (LAELKB, BS O6 Höchstädt i. Fichtelgebirge). Die Bildpostkarte wurde auf eine Archivkarte aufgeklebt, daher sind keine Angaben erkennbar.

www.ingramcontent.com/pod-product-compliance
Lightning Source LLC
Chambersburg PA
CBHW060837190426
43197CB00040B/2666